불안이
우울이
되지 않게

불안이 우울이 되지 않게

불안과 우울에서 나를 지키는 마음처방전

불확실성의 원리를
삶에도 받아들이면 불안이 사라진다

이정은
지음

북센스

추천의 글

불안과 우울은 정상적인 감정이다. 불안하지도 우울하지도 않다면 그게 사람이겠는가. 하지만 괜찮은 감정과 치료를 요하는 감정에는 특별한 차이가 있다. 크게 두 가지 관점에서 확인할 수 있는데, 첫째는 일상생활 가능여부이다. 불안해도 우울해도 일상생활을 할 수 있다면 치료 대상은 아니다. 하지만 불안, 우울로 학교를 가지 못하거나 출근을 못할 정도로 몰려오거나 대인관계에서 심각한 문제가 생기기 시작한다면 치료의 대상이 된다. 둘째는 지속여부이다. 감정은 물과 같아서 흐르다 보면 맑아진다. 잠깐 고이다 흘러가면 문제는 없겠지만 고인 물은 고약한 냄새를 풍긴다. 감정도 고이면 병이 된다. 불안이 고이면 불안증, 우울이 고이면 우울증이 된다. 우리는 이것을 감정이 매몰되었다고 한다. 매몰된 감정은 나의 다른 모든 것을 잠식해버린다. 어떻게 하면 여기서 나올 수 있을까?

이 책에는 '불안이 우울이 되지 않게' 하는 소중한 내용과 치유법이 소개되어 있다. 불안, 우울을 차 한잔 마시면서 이야기하듯 잘 흘려보내는 책이 나와 반갑게 추천한다. 높은 스트레스나 위험한 상황에서는 불안이, 실망과 좌절한 상황에서는 우울증이 흔히 발생한다. 그래서 우울증은 에너지의 방전이고, 불안증은 에너지 과잉이라고 할 수 있다. 내 안의 감정 에너지를 조절하고 잘 흘러가게 하는 방법을 저자는 본인의 경험과 임상으로 정리하여 책에 담았다.

한의사인 저자는 마르지 않는 산속 깊은 옹달샘 같다. 이 책은 그곳에서 잔잔하게 흘러내려오는 물길처럼 쓰였다. 드러냄은 용기가 필요하다. 한없이 나약하기만 했던 상처 입은 아이의 모습은 솔직함으로 세상에 당당하게 나타났고, 그것을 극복하면서 겪은 좌절감은 다른 누군가를 치유하는 치유의 도구가 되었다. 저자는 완벽한 모습이 아닌 온전해져 가는 치유자로서 진료 현장에서 경험한 내용들을 엄선하여 치료에 도움이 되는 생활백서로 독자에게 다가가고 있다. 무겁게 젖은 우울도 사선으로 몰아치는 비바람을 맞은 불안도 한 켠의 선선한 바람과 햇살에 금방 꼬들꼬들해지는 느낌을 받는다.

뭔가 풀리지 않는 매듭 속에서 첫 실과 끝 실을 잡아 풀어보려고 하는 사람들에게, 정말 열심히 사는 사람들에게, 그러나 여전히 무언가 해야 할 것 같은 불안감에 쉬지 못하는 이들에게, 마지막으로 아무것도 하기 싫은 그대들에게도 조금이나마 도움이 되길 바라며 이 책을 추천한다.

원광대학교 한의과대학 한방신경정신과 교수 강형원

Prologue

불안해하는 나를 원망하고,
자책했던 적이 있나요?

나는 정체 모를 불안으로 꽤 오랜 시간을 헤맸다. 불안이라는 감정은 때로는 크게, 때로는 작게 시시때때로 나를 찾아와 괴롭혔다. 어린 시절부터 서서히 시작된 불안은 스트레스 상황이 되자 불안장애로 발전했다. 그리고 우울이 함께 찾아왔다. 불안하고 우울한 나를 이해할 수 없었고 인정하기 싫었다. 하지만 한편으로는 이런 나를 누가 좀 알아줬으면 하는 마음도 공존했다. 불안은 마음으로, 또 몸으로 자신을 알아달라며 소리치고 있었다. 머릿속을 떠나지 않는 미래에 대한 막연한 두려움과 걱정, 현실에 대한 원망, 나 자신에 대한 실망감, 자책감뿐 아니라 심장이 수시로 두근거리고 식은땀이 나는 증상, 과민대장증후군, 부정맥 증상에 시달리게 했다.

그때 나는 한의대생이었다. 약학 대학인 한약학과를 졸업하고 환자를 치료하는 의사가 되고 싶다는 마음 하나로 다시 한의대에 입학한 만학도였다. 그러나 늦은 나이에 다시 공부를 한다는 것은 쉽지 않았다. 학업과 인간관계 등 여러 스트레스가 겹치니 몸과 마음이 아프지 않으려야 않을 수 없었다. 그런데 문득 이렇게 계속 아플 수만은 없다는 생각이 들었다. 환자를 치료해야 할 의사가 건강하지 못하다는 것이 용납되지 않았다. 좋은 의사가 되기 위해서라도 나는 반드시 건강해지고 싶었다.

나는 한의학으로 나를 치료하기로 결심했다. 한의학으로 내 병을 치료할 수 없다면, 누구도 치료할 자신이 없을 것 같았다. 먼저 한방신경정신의학부터 시작하여 불안장애와 우울증 등 각종 신경증, 뇌 과학, 심리학을 공부하기 시작했다. 그 후 여러 차례 한약을 복용하고, 침 치료를 받았으며, 명상과 마음챙김을 꾸준히 하였다. 한약과 침 치료는 흐트러진 몸과 마음의 불균형을 바로잡아주었고 명상과 마음챙김은 나의 마음을 들여다보고 감정을 조절하는 데 도움을 주었다.

위의 방법들을 통해 나는 불안으로부터 점차 벗어날 수 있었다. 한의학은 인간을 매우 신뢰하는 의학이다. 모든 치료는 환자의 치유력을 돕는 데 그 목적이 있다. 무리하게 인위적으로 무엇을 더하거나 빼지 않는다. 불안장애와 같은 마음의 질환 또한 병을 없애는 데 집중하기보다 병을 이길 힘을 기르는데 초점을 둔다. 불안감을 일시적으로 잠재우는 것이 아니라 근본적으로 불안을 다스릴 수 있는 힘을 기르도록 하는 것을 목표로 한다. 나는 꾸준한 한의학 치료를 통해 몸과 마음이 이전보다 강해졌음을 느꼈고, 이에 따라 불안도 좋아져 갔다.

그러다 어느 정도 불안이 좋아진 이후 더 이상 호전이 없던 시기가 있었다. 잦은 복통, 설사, 부정맥, 심장 두근거림과 같은 신체 증상도 모두 좋아지고 불안도 많이 감소했는데, 여전히 어딘가 불안했다. 이따금씩 불안은 나를 찾아와 괴롭혔다. 그렇게 헤매고 있을 때 결정적으로 불안으로부터 벗어날 수 있었던 계기가 있었다. 그것은 아이러니하게도 '불안'을, 그리고 '불안한 나'를 인정하고 수용하는 것이었다.

나는 사실 불안한 감정이, 불안한 내가, 불안을 겪어야 하는 상황이 너무 싫었다. 여러 공부를 통해 내가 불안한 이유에 대해 알았고 나를 많이 이해했다고 생각했다. 하지만 그건 그냥 '머리로' 나를 알게 된 것뿐이었다. 사실은 나는 불안할 때의 그 불쾌한 느낌도 싫었고, 불안할 때 목소리가 떨리고, 심장이 두근거리는 내가 바보 같아서 싫었고, 건강하지 못한 나도 싫었다. 빨리 불안을 없애고 자신감 있고 당당한 내가 되고 싶었다. 그러면서 또 하루에도 몇 번씩 '나는 왜 이것밖에 못하지?', '나는 왜 이렇게 나약한 걸까?'와 같은 생각으로 나를 자책하고 또 질책했다. 매사 능력 있고, 멋지고, 잘난 내가 되고 싶었고, 그렇지 못한 나는 가치가 없는 사람인 것 같았다. 그래서 더욱 나를 몰아세우고, 더 열심히 해야 한다고 다그쳤다.

그런데 어느 날 문득 '수용'이라는 것이 단지 머리로 나를 이해하는 것이 아니라 마음 깊이 나를 '있는 그대로' 받아주는 것이라는 것을 알게 되었다. 불안하면 불안한 대로, 우울하면 우울한 대로, 몸이 아프면 아픈 대로, 무기력하면 무기력한 대로, 능력이 부족하면 부족한 대로 나의 모든 감정과 있는 그대로의 나를 받아주는 것이 수용이었다. 이것을 알게 된 후, 나는 그저 꼭 잘하는 내가 아니어도, 어딘가 모자라고 부족해도, 불안하고 우울해도 그냥 그것이 '나'임을 받아주기 시작했다.

지금은 불안이 더 이상 나를 괴롭힐 수 없게 되었다. 나는 불안까지 껴안으며 불안이라는 감정을 오히려 이용하곤 한다. 불안은 없애야 할 감정이 아닌, 우리에게 꼭 필요한 소중한 감정 중 하나이기 때문이다.

나는 나의 모든 면을 인정하고 받아들이며 나를 더욱 사랑하게 되었다. 나의 삶은 불안으로 괴롭기 이전보다 훨씬 더 풍요롭고 행복해졌다.

불안한 것은 그럴 만한 이유가 있어서 그런 것이다. 내가 불안한 사람이 된 것은 절대 내가 못나거나 부족해서 그런 것이 아니라 모두 그럴 만한 이유가 있어서 그런 것이다. 그러니, 자신을 원망하거나 자책하지 말자. 누구나 불안을 조절하여 자유롭고 평안하며 행복한 삶을 살아갈 수 있다.

나는 이 책을 읽는 모두가 불안으로 인해 고통스러운 삶에서 벗어나 행복한 삶을 살기를 바라는 마음으로 책을 써 내려갔다. 모든 사람에게는 각자의 빛나는 부분이 있다. 하지만 그것이 불안으로, 우울로, 분노로 가려지면 잘 보이지 않는다. 모두가 불안과 우울, 분노로부터 벗어나 다른 어떤 누구도 아닌 본인만의 빛나는 모습으로 살아갈 수 있기를, 이 책이 그러한 삶을 사는 데 조금이나마 도움이 되기를 바라본다.

불안이 우울이 되지 않기를 바라며, 이정은

contents

추천의 글   4

Prologue   불안해하는 나를 원망하고,   6
자책했던 적이 있나요?

PART 1.
당신의 주변을 서성이는
다양한 불안

불안한 아이   17
뿌리 깊은 나무는 흔들리지 않는다   21
'나는 잘해야만 해'라는 생각   25
자연스럽게 느끼는 감정, 불안   29
척추측만이 감정에 끼치는 영향   34
   체크리스트 불안장애의 취약성 체크해보기   38
몸의 증상에 몰두하지 않기 ✵ 신체화장애   42
몸과 마음의 휴가신청서 ✵ 공황장애   48
삶은 우연한 기회에 예상치 못한 일로 채워진다   54
   ✵ 범불안장애
발표만 하려고 하면 너무 떨리고 불안해요   60
   ✵ 사회불안장애
불안이 우울이 되지 않게   65
   마음처방전 불안이 꽤 오랫동안 지속되고 있다면   68

PART 2.
한의학에서 보는 불안과 치료

몸이 건강하면 마음도 건강해진다	75
심장 기능이 약해지면 불안해진다	80
이유가 있는 감정들, 자연스럽게 흘려보내기	85
불안의 다양한 증상과 원인	89
적절한 불안과 지나친 불안	94
바다 밖으로 나와 파도를 바라보기	97
마음처방전 사상체질, 어떤 체질이 불안에 취약할까?	102
있는 그대로 나를 받아들이기	108
마음도 전문가에게 PT를 받아보자	113
불안을 잠재우는 비법의 약재들	118
침치료는 뇌와 신경계를 조절한다	123
한의원에서도 마음의 병을 치료할 수 있나요	127
베트남 파병군을 치료한 침 없는 침술	132
추나요법으로 척추와 불안을 바로잡기	136
약 복용을 고민 중이라면	139
마음처방전 불안 극복을 위한 몇 가지 방법들	144

PART 3.
불안한 당신을 위한 처방

불안 게임에서 레벨 업!	155
나는 나로 살기로 했다	159
아직 발견하지 못한 장점	164
불안에 취약한 MZ세대	169
생각은 태도를 만들고 태도는 현실이 된다	174
오늘은 최고의 하루다	178
감정은 늘 옳다	181
마음처방전 마음 치료의 재료가 되는 리소스 찾기	184
스마트폰 Free!	187
긴장을 풀어주는 호흡하기	191
마음을 챙기는 몇 가지 방법	196
음식으로 마음의 평화 찾기	202
운동은 감정을 효과적으로 조절해준다	207
마음의 근육은 천천히 자란다	209
마음처방전 불안한 마음을 가라앉히는 혈자리와 스트레칭	212

Epilogue 불안에서 벗어나 단순하고 건강한 삶으로　218
Simple Healthy Life

책 속 개념과 용어　220
참고문헌　223

PART 1.

당신의 주변을 서성이는 다양한 불안

불안한 아이

불안장애가 나타나는 원인은 크게 두 가지다. 하나는 '유전적 요인'이고, 다른 하나는 그 유전적 요인을 가지고 태어난 성질인 '기질적 요인'이다. 이 둘은 언뜻 비슷해 보이지만 조금 차이가 있다. 먼저 '유전적 요인'부터 살펴보자. 부모님이나 형제에게 불안장애가 있다면, 나도 불안장애를 겪을 확률이 높아지게 된다. 불안장애의 일종인 '공황장애'의 경우, 해당 질병이 있는 일차 친족이 있을 경우 그렇지 않은 경우보다 발병 위험성이 4~8배가 높다. 또한 이란성 쌍생아보다 일란성 쌍생아에서 질병의 일치율이 훨씬 높게 나타난다. 범불안장애 같은 경우에도 환자의 직계가족 중 25%에서 동일한 질환이 발견되며, 일란성 쌍생아인 경우 질병의 일치율이 무려 50%에 이르는 것으로 알려져 있다. 두 번째로 '기질적 요인'은 편도체와 해마의 신경회로에 기인하는데, 대표적인 것이 '위험회피 기질'이다. 위험회피 기질을 가진 사람은 위험하거나 두려운 상황을 회피하고, 자극보다는 안정을 추구한다. 새롭고 낯선 상황에서 쉽게 위축되거나 불안해지기 때문에 익숙한 것을 선호하는 경향을 갖는다는 것이다. 이 기질을 가진 사람은 매번 이런 불안감을 느끼는 것이 괴로워 아예 이러한 경험을 회피하려고 하는데, 이런 태도는 오히려 불안을 강화시키는 역효과를 낳기도 한다.

나는 불안에 취약한 기질을 타고났다. 두 살 위의 언니는 나와는 달리 활발하고 사람들 앞에 나서는 데 주저함이 없는 기질을 타고났다. 특히 노래를 잘 불러 명절 때 친척들 앞에서 항상 멋지게 동요를 불렀다. 언니의 노래가 끝나면 자연스럽게 동생인 나에게 시선이 쏠렸고 그때마다 나는 진땀이 나서 도망가고 싶었다. 친척 어른들과 사촌들이 나만 주시하고 있는 장면이 아직도 떠오른다. 그럴 때면 나는 항상 엄마 뒤에 숨어 안전거리를 확보하고, 힐끔힐끔 상황을 파악했다. 초등학교 때는 새 학년에 올라가는 3월이 항상 두려웠다. 익숙해진 친구들과 선생님을 떠나 새로운 선생님과 친구들을 만나야 하는 것이 곤혹스러웠다. 학교에만 가려고 하면 이상하게 배가 아팠다. 엄마와 병원에 가도 별 문제가 없다는 이야기뿐이었지만 결코 내가 꾀병을 부린 건 아니었다. 발표를 해야 하는 과제도 항상 나를 힘들게 했다. 통지표에 '교과 성적이 우수하고 교우관계가 좋으나 발표력이 부족함'이라는 말이 적혀 있을 정도로 발표는 나에게 너무 힘든 일이였다. 초등학교 3학년 때는 담임선생님께서 나에게 일기를 잘 썼다며 모든 친구들 앞에서 읽어보라고 한 적이 있었다. 칭찬을 받는 상황임에도 불구하고 발표를 한다는 사실 자체가 너무 힘들었던 게 생생하게 기억이 난다.

이처럼 기질적으로 불안한 성향의 사람들은 어린 시절부터 일상에서 많은 불편함을 겪을 뿐 아니라 불안장애를 겪을 확률도 높다. 내가 잘못한 것도 없는데 불안이 유전되고 기질적으로 타고 나는 거라니 조금은 억울한 마음이 들 수 있다. 나도 나 자신을 원망하고 미워했다. 불안은 우리에게 꼭 필요한 감정이다. 사실 불안 유전자를 갖고 태어난다는 것은 생존에는 더 유리한 측면이 많다. 예를 들어 내 건강이 악화될까 불안한 사람들은 평소의 생활습관을 건강하게 유지하려는 노력을 더 많이 할 것이다. 작은 통증으로도 병원을 다니면서 검사하고 사전에 치료하기 때문에 미리 병을 고칠 수 있고 생존률을 높일 수 있다. 물론 지나치다면 이것도 정신질환으로 치료를 받아야 하겠지만 어느 정도의 걱정과 불안은 나를 지켜주는 고마운 감정이다.

이와 관련해 한 환자의 이야기가 생각난다. 업무 차 유럽으로 출국하는데, 소매치기를 미연에 방지하려고 일반 칼로는 절대 뜯어지지 않는 가방부터, 캐리어 도난 방지 장치, 휴대폰 스프링줄까지 철저하게 준비를 해갔다고 한다. 혹자는 불안감이 과한 것 아니냐고 할지 모르겠지만 아무 준비 없이 같이 간 동료가 소매치기를 당한 것을 보면, 적절한 불안 감정은 역시 나쁜 것만은 아니라는 것을 알 수 있다. 나도 이제는 불안을 가지고 태어난 나 자신을 원망하지 않는다. 발표를 하는 상황이 떨리고, 새로운 상황이 두렵기도 하지만 이제는 제법 즐기게 됐다. 나의 기질을 인정하고 받아들이면 오히려 불안에 잘 대처할 수 있게 된다. '불안해하면 안 돼'에서 '조금 불안할 수도 있지'라고 나를 받아줘보자. 지금도 생존 확률을 높이기 위해 애쓰고 있는 내 몸과 마음을 너그럽게 받아주자.

뿌리 깊은 나무는 흔들리지 않는다

나는 인정욕구가 높은 아이였다. 늘 사람들의 기대에 맞추어 움직였다. 그러니 행동의 기준은 늘 타인이었다. 부모님, 선생님 말씀도 잘 듣고 말썽 피우는 법이 없는 모범생이었다. 그래서 공부도 곧잘 했다. 친구들에게도 좀처럼 화내는 법이 없었고 웬만하면 다 들어주고 받아주려 했다. 나는 착하고, 공부도 잘하는 소위 '손 많이 안 가는 학생'이었다. 그러나 내가 그렇게 행동했던 것은 정말로 착해서 그런 것이 아니라 부모님과 선생님, 친구들로부터 인정과 사랑을 갈구했기 때문이었다. 모든 사람이 나를 좋아해주기를 바라는 생각을 하며 살았고, 조금이라도 나를 싫어하거나 불편해하는 기색이 보이면 하루 종일 그 때문에 마음을 졸이는 날들이 많았다. 겉으로는 완벽한 딸이자 학생이고 친구였지만 나는 사실 늘 불안한 아이였다.

인정욕구는 다른 사람이 자신의 가치와 능력을 긍정적으로 평가하기를 바라고, 이에 부응하고자 하는 마음 때문에 발생한다. 인정욕구가 높은 사람은 사람을 만나는 매 순간이 불안하다. 어떤 일을 하든지 내가 아닌 타인의 평가가 기준이 되고 그에 따라 기분이 좌우된다. 언제나 타인의 인정을 받을 수 있는 것이 아니기에 필연적으로 우울과 불안을 경험하게 되는 것이다.

인정욕구는 사회불안과도 관련이 깊다. 사회불안이란 연설이나 발표를 하는 등의 사회적 상황을 두려워하여 피하거나 그 상황을 피하지 못할 땐 불안 반응을 보이는 불안장애 중 하나이다. 사회불안 증세가 있는 사람들은 '나는 모두에게 인정받고, 사랑받아야만 해', '내가 실수하면 사람들은 나를 무시하고 싫어할 거야'와 같은 비합리적 신념을 갖고 있다. 다른 사람들이 나를 주목하는 상황에서 실수 없이 완벽한 수행을 해내야만 한다는 믿음이 있기 때문에, 극도의 긴장감과 불안을 경험하게 된다.

나도 발표 상황이 참 힘들었다. 다른 친구들은 너무 쉽고 편하게 이야기하는 것 같은데, 나는 발표만 하려고 하면 심장이 두근거리고, 식은땀이 나고 머릿속이 하얘져 알고 있던 것도 제대로 말하지 못했다. 과도하게 친구들의 시선을 의식하고, 발표를 하다가 지루해 하는 친구의 표정을 보거나, 나에게 집중하지 않는 것 같으면 "내 발표가 재미없구나.", "내가 완벽하지 못해서 잘 안 듣는구나."라는 생각 때문에 서둘러 발표를 마치고 내려오기도 했다.

인정욕구는 완벽주의로도 이어진다. 모든 사람을 만족시켜야 하기 때문에 완벽하지 않으면 아무 의미가 없다고 생각한다. 80점, 90점도 훌륭한 점수인데 꼭 100점을 맞아야 하고 10등, 15등도 괜찮은데 꼭 1등을 해야 한다고 생각한다. 항상 친절하고, 능력 있고, 매력 있어야 한다고 생각한다. 그래야 사랑받고 인정받을 수 있다고 믿는다. 모두에게 인정받아야 한다는 이 마음은 오히려 아무것도 할 수 없게 만들기도 한다. 완벽하게 해내지 못할 바에는 아예 안 하는 게 낫다고 생각하고 잘 시작하지 못한다. 처음부터 완벽한 그림이 나와 있지 않으면 밑그림조차 그리지 않는다. 사실 쓱쓱 그리다 보면 더 새롭고 창의적인 작품이 나오기도 하는데 말이다.

과도한 인정욕구는 불안, 우울을 만들 뿐만 아니라 나의 정체성까지 흔들리게 한다. 늘 관심이 타인에게 향해 있기 때문에 정작 '내가 원하는 것', '내가 하고 싶은 것'은 뒷전으로 미루게 된다. 정체성을 형성하기 위해서는 오랜 시간 '나'에 대한 탐구를 해야 한다. 나는 어떨 때 행복하지? 내가 좋아하는 것은 뭐지? 내 장점, 단점은 뭐지? 이런 질문을 자신에게 스스로 던져야 한다. 그런데 인정욕구가 높은 사람들은 자기 자신에 집중하지 못한다. 오직 타인의 기준, '이것이 인정받을 만한 것인가?'에 더 초점이 맞춰져 있기 때문이다. '나'라는 나무의 뿌리가 단단히 박혀 있어야 타인의 판단, 비난, 비판에 흔들리지 않고 본인의 길을 갈 수 있다. 그런데 '나'의 뿌리가 부실하면 조금의 바람에도 쉽게 흔들린다. 그래서 바람이 불지 않을 때는 괜찮은 것 같다가도 누가 조금만 건드리면 쉽게 쓰러진다.

사실 인정욕구는 누구에게나 있는 자연스러운 욕구이다. 인간은 사회적 동물이고 타인과 잘 어울려 사는 것이 생존의 확률을 높이기 때문이다. 아무도 나를 좋아해주지 않는다면 살아갈 수 없는 존재인 것도 맞다. 그래서 우리는 어느 정도 타인의 반응을 살피고 인정과 사랑을 얻기 위해 노력해야 한다. 인정욕구는 살아가는 힘을 주는 욕구이기도 하니까.

그러니 인정욕구는 무조건 나쁜 것이라고 밀어내기보다, 내가 인정욕구가 높은 사람임을 인정하고 균형을 맞추며 살아보는 것은 어떨까? 타인의 눈에 내가 능력 있고, 멋있고, 예쁘게 보여야 한다는 생각에 앞서, 정말 나라는 사람은 누구인지? 내가 뭘 좋아하고, 어떨 때 행복한지를 먼저 생각해보자. 나의 뿌리가 튼튼하면 타인의 시선이라는 바람에 잘 흔들리지 않게 된다. 인정과 사랑은 타인으로부터 오는 것이고, 내가 통제할 수 있는 부분이 아니다. 내가 내 모습으로 굳건히 선다면, 그 누구보다 빛나는 내가 될 수 있다. 빛나는 나무에는 자연스럽게 사람들이 모여든다.

'나는 잘해야만 해'라는 생각

　기질적으로 불안하고, 인정욕구도 높았던 나는 더 안정적인 것을 추구하는 동시에 더 뛰어난 사람, 더 잘하는 사람이 되고 싶었다. 이것은 나를 발전시키고 성장시키는 동력이 되기도 했지만 만족을 모르고 일상의 행복을 놓치게 만들었다. 그냥 지금의 나, 지금도 괜찮은 나를 인정하고 사랑해주었으면 좋았을 텐데, 나는 오랫동안 그러지 못했다.
　뒤늦게 한의대에 입학해 학교를 다니면서 나의 불안감은 극도로 심해졌다. 한의대에 입학만 하면 모든 게 다 좋아지고 탄탄대로가 펼쳐질 것이라 생각했지만 그것은 큰 오산이었다. 늦은 나이에 어린 친구들과 경쟁한다는 것이 쉽지 않았다. 내 머리의 회전 속도가 예전 같지 않았고, 체력도 좋지 않아서 오랜 시간 책상에 앉아 있는 것이 힘들었다. 그런데 학교에는 머리 좋고 공부도 잘하는 친구들이 너무 많았다. 자연스럽게 비교하기 시작했다. 나 자신을 탓하며 내 이상과 다른 나의 능력에 실망도 많이 했다. 그동안 공부는 별로 어렵지 않다고 생각하며 살았는데, 처음으로 겪는 한의대의 수업량과 학습량에 적응하기가 너무 어려웠다. 내가 생각하는 기준은 저만치 높은데 내 실력은 거기에 한없이 미치지 못했다. 중간고사 기간이 다가오고, 나름대로 최선을 다했지만 결과가 좋지 못했다. 자신감이 없어지고, 알 수 없는 불안감이 엄습했다. 나는 실패한 사람 같았고, 잘 살고 있는 것 같지 않았다.

내 불안의 원인이 무엇일까 많은 고민을 했다. 바로 나의 '욕심'과 '당위'였다. "나는 꼭 성적이 좋아야 해", "몇 점 이상을 받아야만 해", "나는 공부를 잘하는 사람이어야만 해"와 같은 나 자신에 대한 높은 기준(욕심)과 꼭 그래야 한다는 당위가 나를 불안하게 만들었다. 안 되는 체력과 머리로 나름대로 충분히 최선을 다하고 있으면서도, 부족하다고 나를 채찍질하고 다그쳤다.

불안을 호소하며 내원한 환자들이 자주 하는 이야기가 있다. "제가 스스로를 너무 힘들게 하는 것 같아요. 근데 잘 내려놓아지지가 않아요." 나도 비슷한 경험을 했기 때문에 환자들의 이 마음이 너무 잘 이해되고 공감된다.

사실 우리가 욕심을 내려놓지 못하는 근본적인 이유는 성장 과정에서의 어떤 경험들 때문이다. 꼭 무언가를 잘 해냈을 경우에만 사랑받고 칭찬받았던 경험, 불안한 집안 분위기 속에서 나라도 착한 아이가 되어야만 했던 기억, 사회가 주입하는 성공한 사람의 이미지 등의 성장 과정과 사회 분위기는 자신을 더욱 옥죄게 한다.

하지만 내가 할 수 있는 것을 넘어 더 많이 가지려고 하는 것은 지나친 욕심이 되고, 그 욕심은 "반드시 이렇게 되어야만 해"라는 비합리적인 당위를 만든다. 이러한 당위는 결과에 집착하게 하고 반드시 불안을 야기한다. 늘 열심히 하지만 "이게 안 되면 어떡하지?"라는 불안이 필연적으로 따라온다.

내가 과거에 한의대에 입학하면, 한의사만 되면 행복할 거라 생각했던 것처럼 혹시 이 시험만 통과하면, 이 회사에만 들어가면, 이 사람과 결혼만 하면 행복할 거라 생각하는가? 결코 그렇지 않다. 모두 착각이다. 내 욕심에 따라 결과만 보고 산다면 현재 누릴 수 있는 소소한 행복들을 놓치게 된다. 차라리 시험을 준비하는 과정을 즐겨보자. 공부하는 것이 외롭고 힘든 싸움이지만 하루 종일 열심히 공부한 후 뿌듯함을 느껴보고, 평일 내내 공부에 매진했다면 주말 하루쯤은 쉬면서 친구들과 만나 수다도 떨고 맛집도 방문하면서 나를 위한 시간을 내어주자.

우울하고 불안을 겪으면 생각의 시야가 좁아진다. 사고의 폭이 좁아지고 경직되어 다양한 측면을 보지 못한다. 이를 터널 시야라고도 하는데, 터널을 지나갈 때 다른 환경이 모두 차단되고 터널의 끝만 보이듯 생각도 하나에 갇히게 된다는 것이다. 혹시 이런 생각을 하고 있지 않은가? "나는 무조건 예뻐야 해", "나는 공부를 잘해야 해", "나는 돈을 많이 벌어야 해", "나는 능력이 좋아야 해" 이런 생각에 빠져 있다면 터널 시야를 갖고 있을 확률이 높다. 세상에는 다양한 가치와 아름다움이 존재함에도 이것을 폭넓게 보지 못하고 자기만의 기준에 빠지게 된다면 자신을 패배자, 실패자로 여기게 된다.

이야기하기 부끄럽지만, 나는 사실 공부를 열심히 하지 않는 친구들을 잘 이해하지 못했다. 학교생활을 게을리 하면서 동아리 활동만 열심히 하는 친구들을 보며 "공부해야 할 텐데, 저래서 한의사는 어떻게 되려고 하지?"라는 오만한 생각을 했다. 나는 '열심히 공부해야 한다'라는 터널 속에 빠져 있었다. 내가 걱정했던 친구들은 지금 각자 자신의 인생을 아주 잘 살고 있다. 그때 내가 보지 못했던 다양한 경험들이 그들의 삶에 분명 도움이 되었을 것이다. 어차피 한의사가 되어 환자를 보는 동안 공부는 평생 해야 할 것이니 그 친구들이 현명했을지도 모른다는 생각을 뒤늦게야 했다.

혹시 나는 지나친 욕심 때문에 터널 속에 빠져 살고 있지는 않은지 살펴봐야 한다. 불안에서 기인한 편협한 생각 속에 나 자신을 가두고 있지 않은가? 적당한 욕심은 성장과 발전에 꼭 필요하지만 지나친 욕심은 당위를 만들고 결국 불안을 만들며 나를 병들게 한다. 욕심내되, 그것이 나를 해치지 않도록 하자. 꼭 이래야만 한다는 법은 이 세상에 없다.

자연스럽게 느끼는 감정, 불안

불안한 감정은 불쾌하다. 초조하고, 큰 일이 생길 것만 같고, 심장은 두근대고, 호흡은 가빠지며, 식은땀이 나고, 몸이 떨리기도 한다. 심하면 당장 죽을 것 같은 공포를 느끼기도 한다. 불안한 자신의 모습이 부끄럽고 싫기도 하다. 이런 감정을 느끼는 내가 어딘가 부족한 사람인 것 같기도 하다. 남들은 멀쩡하게 잘 지내는데, 나약하고 불안한 내 모습이 싫다.

그래서 불안감이 올라오면 그 불안을 의식적으로, 혹은 무의식적으로 눌러버린다. 이것을 억압, 억제라고 한다. 억압과 억제는 사람들이 가장 많이 사용하는 불안감에 대한 방어기제이다. 용납할 수 없는 생각이나 충동을 무의식적으로 몰아내고 억누르는 것을 억압이라 하며, 의식적으로 누르는 것은 억제라 한다. 방어기제는 자아가 위협받거나 상처받을 상황에서 자신을 속여 마음을 보호하는 심리적 행위이다. 일시적, 단기적으로는 상처받는 상황을 모면하거나 문제를 해결하는 데 도움이 되지만, 과도해지거나 장기간 반복될 경우 다양한 문제를 일으킬 수 있다. 불안한 감정을 억압하거나 억제하는 경우 해소되지 못한 불안은 더 큰 불안을 만든다.

나도 불안한 내가 참 싫었다. 불안은 부정적인 감정이라 믿었고, 불안감을 느끼는 것이 나의 문제점이라 생각했다. 정신적으로 온전하지 못한 것 같아서 이런 감정을 사람들에게 말하기가 부끄럽고 창피했다. 특히 완벽주의와 인정욕구가 높은 나는 불안해하는 내 모습을 받아들이고 싶지 않았다. 늘 긍정적인 감정, 소위 말하는 밝고 좋은 감정만을 느껴야 한다고 생각했다. 그래서 불안이 올라올 때마다 그 감정을 억눌렀다. 불안에서 벗어나려고 억지로 재밌는 영상을 보거나 긍정적인 생각을 하려고 노력했다. 일부러 일을 만들어서 밖으로 돌아다니기도 했다. 그러면 어느 정도는 불안이 잊히는 것 같기도 했다. 하지만 그럴수록 불안은 더 커졌다. 어느 순간 심장이 두근거리고 가슴이 답답하며, 급기야 부정맥 증상까지 나타나기 시작했다. 심장이 잘 뛰다가 한 번씩 덜컹거리며 뛰지 않았고 더 불안해졌다. 내 몸에 이상이 생긴 것 같았고, 결코 좋아질 수 없을 것 같은 부정적인 생각이 더 심해졌다. 가만히 있어도 기가 빠지는 느낌이었다. 온갖 부정적인 생각이 머릿속을 떠나지 않았다. 그러자 무기력에 빠졌다. 침대에 누워 아무것도 하기 싫고 일어나기가 힘들었다. 학교는 겨우겨우 갔지만 집에 돌아오면 아무 것도 할 수가 없었다. 친구들에게는 우스갯소리로 '와(누울 와)식 생활'을 한다고 했다. 누워 있으면서도 마음은 늘 불안했다. '나 이래도 되는 걸까?', '다른 친구들은 열심히 살고 있을 텐데.', '이 아까운 시간을 그냥 보내서 어떡하지?'와 같은 생각이 머릿속을 지배했고 불안은 멈추지 않았다.

  한의원에도 내가 겪었던 불안과 우울, 무기력 때문에 내원하는 사람들이 부쩍 늘었다. 무엇을 해도 재미가 없고 몸을 일으키는 것이 힘들다고 한다. 무기력이 생기는 원인은 다양하지만 근본적으로 우울감 때문이고, 이 우울감은 많은 부분 나의 감정을 받아주지 않는 데서 온다. 그래서 불안하면 보통 우울하고, 우울하면 불안하다. 처음 불안감이 올라왔을 때 그 불안감을 있는 그대로 수용하고 느껴주었다면 불안은 제 역할을 다 하고 자연스럽게 사라진다. 하지만 불안이라는 감정이 힘들고 싫기 때문에 억누르고 회피한다면 불안은 해소되지 못하고 마음 안에 그대로 남아 오히려 그 몸집을 키우게 된다. 불안감이 마음속에 가득한데, 겉으로는 멀쩡한 척 웃고 다닌다든지 스스로 불안을 감추거나 없애기 위한 다양한 것들을 해본다. 운동도 해보고, 명상도 해보고, 심호흡도 해본다. 불안에 대한 여러 책이나 글도 찾아 읽어본다. 이런 것들이 물론 어느 정도 도움이 될 수 있지만, 근본적으로는 불안감을 포함한 우리의 감정들을 그대로 느끼고 받아주어야 한다.

  한의학적으로 무기력은 기울, 기체, 기허 등으로 표현된다. 기울, 기체는 기가 정체되어 흐르지 않고 막혀 있는 것을 의미한다. 기가 울체되어 있으면 마음이 우울하고 무기력하며 불쑥 짜증이나 화가 나기도 한다. 혈액순환이 잘 되지 않아 몸이 잘

붓기도 하고 소화가 잘 되지 않거나 생리전증후군, 생리통, 유방통 등을 유발하기도 한다. 기허는 기가 부족한 것으로 쉽게 말하면 에너지가 딸리는 것이다. 목소리가 작고 호흡이 얕으며 기운이 없다. 쉽게 피로하고 무엇을 하고자 하는 의지가 잘 생기지 않는다. 무기력할 때 보통 누워 있게 되는데 현존하는 가장 오래된 의학 경전인 『황제내경』에서는 '오래 누워 있으면 기가 상한다'고 하였다. 처음에는 무기력해서 누워 있지만 나중에는 정말 기가 허해져서 잘 일어나지 못하는 악순환이 반복된다. 기울, 기체, 기허는 따로 나타나기도 하지만 병이 오래될수록 함께 보이는 양상을 나타낸다.

불안감이 불안장애로 발현될 때는, 처음에 나타난 작은 불안을 무시하는 것에서부터 비롯되는 경우가 많다. 지금 마음이 불안하고 초조하다면 그 불안을 빨리 없애려 하지 말고 오롯이 느껴주고 껴안아주자. 불안감이 올라올 때 그 불안에 이름을 붙이는 것도 도움이 된다. 모호한 감정은 불안을 키운다.

'심장이 두근두근한 걸 보니 내가 좀 불안한가 보네.'
'지금 좀 떨리고 긴장이 돼.'

이렇게 말로 불안을 표현해보자. 단, 불안을 억지로 잠재우는 것은 별로 도움이 되지 않는다. 언제나 나의 가장 솔직한 마음을 알아주는 것이 중요하다.

'나 너무 불안해서 이 불안한 마음이 싫어.'

마치 내 앞에 나를 가장 잘 알아주는 누군가 있다고 생각하고 내 마음을 털어놓아 보자. 말로 하는 것이 힘들다면 글로 적어보는 것도 좋다.

억압과 억제는 더 큰 불안을 만든다는 것을 꼭 기억하자. 불안감은 결코 나쁜 감정이 아니다. 우리가 그것을 느낄 만하니 느끼는 것이다. 불안감을 비롯한 내가 느끼는 모든 감정들을 하나하나 받아주자. 켜켜이 내 안에 쌓아둔 감정들을 하나하나 벗기듯 들여다봐 주자. 그러면 불안감은 자연스럽게 지나가고 불안장애로까지 발전하지 않을 것이다.

척추측만이 감정에 끼치는 영향

중학교 때 샤워를 하다 문득 거울을 보는데, 몸이 조금 이상해보였다. 등 한쪽이 튀어나오고 한쪽 가슴이 더 작아보였다. 조금 이상하긴 했지만 대수롭게 여기지는 않았다. 그러던 어느 날 엄마와 함께 목욕탕을 가게 되었다. 목욕탕에서 내 몸을 본 엄마는 한눈에 내 몸의 이상을 알아보셨다. 그제야 병원에 가게 되었는데, 진단명은 '특발성 척추측만증'이었다. 정상적인 척추라면 경추부터 요추까지가 일직선으로 반듯해야 했지만, 나의 척추가 S자로 휘어 있었다. 척추측만증이라고 했다. 지금은 흔하고 많이 알려진 질환이지만 당시에는 생소한 병이었다. 특발성 척추측만증은 사춘기의 마른 여자아이들에게 잘 나타나며 원인불명이다. 지금은 자율신경계의 이상이 원인이라는 연구도 있지만 명확하게 밝혀진 것은 없다.

나의 척추측만증은 이미 많이 진행된 상태였다. 척추의 휜 정도가 10도 이상일 때 척추측만증이라고 진단 내리는데 내 경우는 이미 50도 가까이 진행되어 있었다. 이 정도의 측만증은 수술이 필요한 수준이었다. 보존적 방법을 써보려 했지만, 수술은 불가피했다. 18시간 동안 40개의 철심을 척추에 박는 대수술이었다. 다행히 수술은 잘 되었다. 하지만 나는 아직도 척추가 약간 휘어져 있고 한쪽 등이 여전히 튀어나와 있다. 겉으로 티가 많이 나지는 않지만 척추를 핀으로 고정시켜 놓아 움직임도 자유롭지 못하다.

그러나 측만증을 평생 갖고 살면 구조적인 것보다 더 큰 문제를 마주하게 된다. 바로 자율신경의 불균형이다. 척추는 뇌나 심장만큼이나 우리 몸에서 중요한 기관이다. 그저 단순한 뼈로만 보면 안 된다. 척추는 몸의 중심에서 뇌와 전신을 연결해주는 중요한 역할을 한다. 척추 안에는 척수라는 큰 신경다발이 존재하는데, 척수는 뇌와 연결되어 있고 척추로부터 빠져나온 신경들은 각 장부와 기관으로 뻗어 나간다. 척추가 올곧아야 각 신경들의 흐름이 막히지 않고 원활하게 이어져 감각을 느낄 수 있고, 손발을 움직일 수 있고, 각 장부의 역할을 올바르게 수행할 수 있다.

척추의 틀어짐은 특히 자율신경계에 영향을 준다. 자율신경계란 우리의 의지와 상관없이 자율적으로 조절되는 인체의 항상성 시스템으로 심장박동, 호흡, 체온, 땀 분비, 소화, 배설 등을 조절한다. 자율신경 시스템은 교감신경계와 부교감신경계로 나뉜다.

교감신경은 위기, 스트레스, 긴장 상황에서 활성화되어 전투

태세를 갖추게 하는 '엔진' 역할을 담당한다. 한편 부교감신경은 편안하고 안정된 상황에서 활성화되어 주로 소화, 배설, 이완을 담당한다. 교감신경과 부교감신경이 서로 견제하며 균형을 이루어야 건강한 상태이다. 하지만 어느 하나가 항진되면 균형이 깨지고 늘 긴장 상태에 머물거나, 무기력하고 우울한 상태가 지속될 수 있다. 이를 자율신경실조증이라고도 한다. 지속적으로 스트레스 상황에 노출되거나 과로, 불규칙적인 생활 등이 반복되어 발생할 수 있으나 척추가 틀어진 경우 자율신경에 영향을 주어 자율신경실조증이 나타나기도 한다.

그래서 척추측만증은 자율신경실조증에서 자유롭지 못하다. 나도 툭하면 소화가 안 되고, 속이 불편하고 쉽게 불안해지거나 쉽게 긴장하곤 했다. 전에는 잘 몰랐지만 한의학과 인체에 대해 공부하며 척추의 틀어짐이 자율신경의 불균형을 만들고 이로 인해 불안과 우울에 더 취약해질 수 있음을 알게 되었다.

지금은 자율신경을 조절하는 한약과 명상, 꾸준한 운동을 통해 불편감을 거의 못 느끼고 있다. 만약 알 수 없는 불안감이나 우울감, 몸의 다양한 불편감이 나타난다면 여러 원인과 함께 척추의 틀어짐으로 인한 자율신경실조도 함께 의심해보아야 한다.

특히 요즘은 거북목, 일자목, 골반의 비대칭 등이 너무나 흔하다. 오랫동안 앉아서 공부를 하거나 컴퓨터를 보는 업무를 하는 경우가 많기 때문에 척추에 무리가 생기지 않을 수가 없다. 실제로 많은 사람들이 목, 어깨의 반복적인 통증을 호소하며 내원한다. 이는 만성 스트레스와 경추, 흉추의 틀어짐으로 인한 자율신경 실조가 원인이 되는 경우가 많다. 교감신경이 항진되어 목과 어깨의 근육을 긴장시켜 신경, 혈관의 흐름을 방해하고 심하면 두통이나 소화불량도 동반하게 된다.

의식적으로 바른 자세를 취하려고 노력하는 것이 중요하고 30분이나 1시간에 1번씩 일어나 스트레칭을 해주는 것도 도움이 된다. 요가나 필라테스, 폼롤러를 이용한 스트레칭을 꾸준히 해주는 것도 좋다. 이는 긴장된 근육의 이완을 통해 척추가 틀어지는 것을 예방하고 부교감신경을 항진시켜 마음의 안정에도 도움이 된다.

한의학에서 오장, 즉 간·심·비·폐·신의 각 장은 모두 감정을 주관한다고 보았다. 오장에 정신이 깃들어 있는 것이다. "심장에 못이 박혔다", "낙심했다", "낙담했다", "간이 콩알만 해졌다"와 같은 표현들은 괜히 나온 것이 아니다. 장부의 기능은 선천적, 후천적으로 다양한 요인의 영향을 받지만 척추가 틀어져 각 장부에 신경 전달이 원활하지 않으면 장부 기능이 저하되고 정신의 문제를 만들 수 있다.

―――――― 체크리스트 ――――――
불안장애의 취약성 체크해보기

불안을 만드는 데는 다양한 요인이 작용한다. 내 삶을 돌아보며, 다음의 불안을 만드는 요인을 체크해보고 기억이 나는 사건이나 경험이 있다면 떠올려 적어보자.

유전과 기질

- **01** 부모님, 형제 중 불안장애나 우울증을 앓는 가족이 있다. ☐
- **02** 어렸을 적, 학년이 바뀌거나 새 학기가 시작될 때 유독 학교 가는 것이 힘들었다. ☐
- **03** 평소 모험을 추구하기보다 안정적인 것을 선호한다. ☐
- **04** 사람들이 주목할 때 잘 위축되고, 평소 수줍음이 많다. ☐
- **05** 새로운 일을 할 때 사전에 세심하고 꼼꼼하게 대비하는 편이다. ☐

인정욕구와 완벽주의

01 사람들과 사이좋게 지내기 위해 남들이 내게 바라는 대로 행동하는 때가 많다.

02 다수의 의견과 상반될 때, 내 의견을 말하기가 어렵다.

03 사람들을 대할 때는 자기 주장적인 것보다는 겸손한 것이 더 낫다.

04 나에 대해 나쁜 말을 하는 사람이 있으면, 다시 만날 때 좋은 인상을 심어주려고 최선을 다한다.

05 나에 대한 비판이나 비난은 감내하기 어렵다.

06 내 말이나 행동이 남의 기분을 상하게 할까 봐 사람들이 모이는 자리에서는 조심스러워진다.

07 일이나 학업에 대한 성취기준이 높고, 이 기준에 도달한 적이 거의 없다.

08 충분히 최선을 다하고 있는 것 같지 않다.

09 내가 성취한 것에 대해 만족하지 않는다.

10 목표를 달성할 수 없을 때 종종 좌절감을 느낀다.

11 일이 끝난 후 좀 더 잘했어야 한다는 생각에 낙담할 때가 많다.

욕심과 당위

01 내가 맡은 모든 일은 잘 해내야 한다고 생각한다.

02 평소 '반드시~해야 한다' 고 생각하는 부분이
하나 이상 있다.

03 지금은 불행하지만, 열심히 노력하여 원하는 지점에
도달하면 행복해질 것이라 생각한다.

04 남들보다 뛰어나야 가치 있는 사람인 것 같다.

05 성과를 내지 못하는 삶은 의미가 없다.

06 도덕적 기준이나 성과에 대한 기준이 높고
늘 자신을 돌아보고 반성한다.

억압과 억제

01 평소 화를 잘 내지 못한다.

02 착하고 배려심이 많다는 말을 많이 들어왔다.

03 내가 참고 넘어가면 주변이 행복해질 것 같다.

04 감정표현에 서툴다.

05 가슴이 답답해지거나 두근거릴 때가 한 번씩 있다.

06 슬픔, 불안, 우울과 같은 부정적 감정은 느끼지 않는
편이 좋다고 생각한다.

07 항상 밝고 긍정적인 사람이 좋은 사람이라고 느낀다.

몸의 불균형

01 목, 어깨가 뻐근하고 뭉쳐 있을 때가 많다.

02 대부분의 시간을 컴퓨터 앞이나 책상 앞에 앉아 보낸다.

03 목이나 허리 통증이 있다.

04 목디스크, 허리디스크 진단을 받았다.

05 척추측만증이 있다.

06 평소 다리를 꼬고 앉는 것이 습관이거나 다리를 꼬는 것이 편하다.

07 조금이라도 스트레스를 받거나 신경 쓰는 일이 생기면 두통, 소화불량, 복통 등이 나타난다.

나의 불안 취약성은?

0~10개 불안과는 거리가 멀고 불안장애의 위험도가 낮은 사람. 선천적 또는 후천적으로 감정을 잘 다스릴 수 있는 사람이다.

11~18개 불안에 다소 취약한 사람. 스트레스 상황에서 불안장애가 발생할 수 있으니 주의가 필요하다.

19~36개 이미 불안장애를 앓고 있거나 불안장애의 위험도가 매우 높은 사람. 적극적인 관심과 치료가 필요하다.

몸의 증상에 몰두하지 않기

신체화장애

"저는 내 집 마련을 할까 말까 정말 고민을 많이 해왔어요. 그러다 1년 전, 가족이 안정적으로 지낼 수 있는 보금자리를 마련하자고 다짐했고, 그동안 모아둔 돈에 대출을 받아 서울 근교에 구축 하나를 매매했습니다. 하지만 안정감과 기쁨은 잠시뿐이었어요. 갑작스럽게 치솟는 금리 때문에 월급이 전부 대출이자로 나가야만 했고, 더 이상 모을 수 있는 돈도 없고 생활비는 계속 마이너스입니다. 가족들과 함께 더 잘 살아보고 싶었을 뿐인데 나에게 왜 이런 상황이 찾아온 것인지 정말 많이 원망이 되었습니다. 처음에는 분하고 화가 났지만, 이제는 앞으로 어떻게 버텨야 하나 막막하기만 합니다. 정신적인 스트레스 때문인지 가슴 두근거림도 심하고 어떨 때는 이명도 들립니다. 저는 원래 병원을 잘 다녀서 정신과도 가보고, 이비인후과도 가서 검사도 받아봤습니다. 정신과에서는 불안장애라고 해서 약을 처방받아 먹고 있지만 두근거림과 이명은 호전이 없

불안이 우울이 되지 않게

습니다. 이비인후과에서도 결국 별문제가 없다고 하네요. 원인이 무엇인지 알고 차라리 정확한 병명을 진단받아 치료받을 수 있으면 좋을 텐데, 그렇지 못해 더 불안해지기만 합니다. 운동을 열심히 하면 좀 나을까 싶어서 매일 하고 있지만 좀 좋아지는 것 같더니 이것도 별로 효과가 없고요. 증상이 호전될 수 있을지 더 불안해집니다. 저 나을 수 있긴 한 걸까요?"

앞의 사례자처럼 다양한 신체 증상을 반복적으로 보이지만 증상을 뒷받침하는 신체 질환이 없는 경우를 '신체화장애'라고 한다. 스트레스성, 신경성으로 진단되었던 많은 증상들이 이에 해당한다고 볼 수 있다. 이 사연의 사례자처럼, 우리는 몸에서 평소 느끼지 못했던 이상이 나타나면 원인을 찾기 위해 병원을 찾는다. 심장이 두근거리거나 가슴이 답답한 경우에는 심계내과를, 이명이 들리면 이비인후과를, 복통이나 소화가 안 되는 증상이 나타나면 내과에 간다. 문제가 나타난 곳이 몸이기 때문에 우선 몸을 치료하러 가는 것이다. 그러나 실제는 마음으로부터 오는 병이 꽤 많다. '원인 불명'이라고 여겨지지만 불편한 증상이 있는 경우라면 대부분 마음에 그 원인이 있는 것이다. 특히 불안과 우울의 시대에 살고 있는 현대인들은 더욱 그렇다. 이렇게 정확한 원인을 찾지 못하고 대증 치료(병의 원인을 찾기 곤란한 상황에서 처치를 하는 치료법. 열이 높을 때 얼음주머니를 대는 것이 이에 포함된다.)에 머문다면 결코 원하는 치료 결과를 얻을 수 없을 것이다.

한의원에 불안장애로 내원하는 환자 대부분은 정신적인 불안뿐 아니라 신체적 불안까지 호소하는 경우가 많다. 여기서 신체적 불안이란 몸으로 나타나는 불안의 반응이다. 불안은 두근거림, 가슴 답답함, 상열감, 두통, 복통, 어지러움, 근육통, 발한, 피로, 권태감, 이명 등 다양한 모습으로 나타난다. 보통 이런 경우 내 몸에 문제가 생긴 것은 아닌가 하고 여러 병원을 전전하다가 검사해도 이상이 없다는 말을 듣고 보약이라도 먹어보자 하는 마음으로 한의원을 방문하는 사람들이 많다.

한의학에서는 '심신일여心身一如'라 하여 몸과 마음을 하나로 보았다. 이미 아주 오래전부터 마음의 병을 치료할 때 몸을 함께 보고 치료해왔던 것이다. 현대의학에서도 이제는 몸과 마음을 분리해서 보지 않는다. 불안한 감정은 자율신경계에 영향을 주어 신체의 다양한 부분에 이상 반응을 나타낸다는 것이 밝혀졌고. 정신적 스트레스는 시상하부-뇌하수체-부신피질 축(HPA 축)에 영향을 주어 스트레스 호르몬인 코르티솔 분비를 늘리고 각종 염증 반응을 만든다는 연구들도 이제는 널리 알려져 있다. 또한 요즘 가장 주목받는 이론인 뇌-장축 이론에 따르면 장에 세로토닌 수용체의 90%가 존재하며 뇌와 장은 연결되어 서로 영향을 미친다.

감정 때문에 몸이 아프고, 몸이 아프면 다시 감정이 불안해지는 악순환의 고리가 생길 수 있기 때문에 신체화장애를 가볍게 생각해서는 안 된다. 심장이 두근거리거나, 배가 아프다거나, 두통이 나타나는 순간, 단지 불편함을 넘어 불안해지는 경우에는 각별히 주의해야 한다. 이건 "이 증상이 낫지 않으면 어떡하지?"라는 걱정과 생각이 만들어내는 새로운 불안이다. 그래서 불안장애는 특히 몸으로 나타나는 증상과 감각을 함께 관찰하고 치료해야 한다.

 나도 신체화 증상을 심하게 겪었던 적이 있다. 가슴이 두근거렸고, 심장이 덜컥 내려앉는 기분을 느꼈다. 늘 맥박을 체크하는 것이 습관이 될 정도였다. 맥이 한 번씩 뛰지 않을 때마다 불안감은 더욱 가중되었다. "내 심장에 정말 문제가 있는 게 아닐까?", "이러다 큰일 나는 거 아닐까?" 하는 생각에서 빠져나오지 못했다. 결국 내가 이러한 상황에서 빠져나올 수 있었던 것은 이 증상의 원인이 불안한 감정으로 인한 신체화 증상 때문이라는 것을 알고 난 뒤부터였다. 나는 가슴 두근거림이나 부정맥과 같은 몸의 증상에 몰두하지 않도록 노력했다. 그러다 보니 점차 두근거림과 부정맥이 잦아들다가 모두 사라졌다.

 앞서 설명한 것처럼 신체화 증상은 실제로 내 몸에 이상이 생긴 것이라기보다 불안한 감정 때문에 일시적으로 몸에 나타나는 현상일 뿐이다. 불안이 없어지면 함께 사라질 거라 생각하고 증상이 나타났을 때 그대로 받아들이는 태도가 필요하다. "아, 지금 내가 불안해서 이런 증상이 나타나는구나."라고 말이다. 몸을 조금 움직여 걸어보거나 호흡, 명상을 하면서 주의를 다른 곳으로 돌리는 것도 좋다. 불안한 감정이 올라오는 것과 몸이 아픈 증상이 나타나는 것은 모두 몸과 마음이 우리에게 보내는 신호이다. 지금 내가 좀 아프니까 나를 봐달라고 외치고 있는 것이다. 내가 불안이라는 감정에 적절히 대응해줬다면 보통 신체화 증상까지 진행하는 경우는 드물다. 신체화 증상이 나타났다면 혹시 내가 감정을 회피하거나 억압하거나 무시해 오진 않았는지 생각해봐야 한다. 또한 이제는 몸과 마음을 돌볼 때임을 알고 다른 어떤 것보다 내 몸과 마음을 회복시키는 데 우선순위를 두어야 한다. 적절한 치료를 받고 휴식을 취해야 한다. 이렇게 몸과 마음이 보내는 신호에 응답한다면, 증상은 좋아질 수 있다.

다만, 불안의 정도가 심하거나 앞의 방법 대로 해보아도 신체적 증상이 사라지지 않는 경우에는 반드시 전문가의 도움이 필요하다. 기질적 문제가 없더라도 자율신경실조나 장부의 기능상 문제가 있을 수 있기 때문이다. 장부 기능의 문제는 일반 병원의 검진기기로 발견되지 않기 때문에 한의원에 내원하여 진단을 받아보는 것이 좋다. 한의원에 내원하면 침치료와 한약 치료가 주로 이루어지며, 맥진·문진·설진 등의 전반적 진단 과정을 통해 환자의 취약한 부분을 파악하고 이 부분을 치료하게 된다. 선천적으로 심장의 기능이 약한 경우에는 쉽게 불안을 느끼는 경우가 많아 심장의 기능을 보하는 치료를 하게 되며, 과도한 스트레스로 심장에 화기가 쌓여 있는 경우 심화를 내리는 치료를 하기도 한다. 이외에도 기혈의 허실, 한열의 정도, 오장육부의 건강 상태를 살펴 치료가 이루어진다. 여러 복합적 문제가 있거나 병이 오래된 경우, 특정 증상의 경우에는 치료기간이 길어질 수 있으나 발병 기간이 오래되지 않은 경우 한 달 안에 호전되는 경우가 많다. 알 수 없는 두근거림, 복통, 두통, 이명 등으로 불편하거나 오래도록 낫지 않는다면 한의원에 내원하여 진단을 받고 꼭 적절한 치료를 받도록 해야 한다.

몸과 마음의 휴가신청서

공황장애

"최근 회사에서 새로운 프로젝트를 맡았습니다. 원래 욕심이 많은 편이라 잘 해내고 싶어서 밤낮없이 열심히 했는데, 성과가 잘 나지 않았습니다. 제가 이번에 성과를 못 내면 승진 기회가 날아가고, 그러면 언제 또 기회가 올지 몰라서 열심히 할 수밖에 없었어요. 주변 동료들은 다들 잘하고 있는 것 같은데 저만 뒤처지는 느낌도 들었고요. 그래도 열심히 하면 또다시 좋은 기회가 올 것이라 생각하고 다시 마음을 다잡고 시간을 쪼개 살았습니다. 새벽 5시에 일어나 남들보다 더 먼저 일을 시작하고, 밤 10시까지 야근하는 날도 많았습니다. 힘들긴 했지만, 이렇게 살고 있다는 것이 뿌듯하기도 하고 꽤 잘 살고 있다고 생각했습니다. 그런데 어느 날 출근길 차 안에서 갑자기 숨이 안 쉬어지면서 죽을 것 같은 공포감을 느꼈어요. 심장이 미친듯이 빠르게 뛰고 식은땀이 나면서 손도 떨렸습니다. 급하게 차를 세우긴 했는데, 쉽게 진정이 되지 않아 응급실을 가게 되었어요. 여러 가지 검사를 했는데 이상이 없었습니다. 결국 공황장애 진단을 받았습니다. 병원에서 링거를 맞고 1시간 정도 지나니 괜찮아지더군요. 그런데 이후 공황 발작이 또 나타날까 봐 운전을 못하고 있습니다. 또 언제 갑자기 발작이 나타날지 몰라서 너무 불안합니다. 제가 한 번도 이런 적이 없었는데, 나약한 사람이 된 것 같기도 하고 왜 이런 병이 생겼는지 이해가 잘 되지 않기도 합니다. 한편으로는 검사로 나오지 않는 병이 있는 게 아닐까 하는 생각도 듭니다. 다시 예전의 건강한 나로 돌아갈 수 있을까요?"

공황장애는 갑자기 불안이 극도로 심해지며 숨이 막히거나 심장이 두근거리면서 죽을 것만 같은 극단적인 공포를 느끼는 불안장애의 일종이다. 증상이 과격하고 극심하기 때문에 보통은 심장에 문제가 생긴 것이라 생각하고 응급실을 찾는다. 엑스레이X-ray 검사, 심전도 검사, 심장 초음파 검사, 동맥혈 검사 등 다양한 검사를 해보지만 이상이 없다고 결론이 난다. 몸에 기질적인 문제가 없어서 다행이긴 하지만, 이따금씩 공황 발작이 나타나며 불안은 오히려 커지기도 한다.

보건의료 빅테이터에 따르면 공황장애로 진료를 본 환자 수는 2017년 14만 4,943명에서 2021년 22만 1,131명으로 약 4년 동안 53%가 증가했다고 한다. 이는 환자 수가 실제로 증가한 요인도 있지만, 공황장애라는 질환이 널리 알려지면서 스스로 병원을 찾는 환자 수가 증가했기 때문으로도 볼 수 있다. 한의원에도 이러한 증상으로 내원하는 사람들이 많아졌다.

이처럼 공황장애가 일반 대중에게 친숙해지면서 별로 심각한 질환이 아닌 것처럼 여겨지기도 하지만 막상 내가 겪는다면 이야기는 조금 달라진다. 공황장애를 겪는 환자는 말 그대로 '죽을 것 같은' 공포를 느낀다. 심장이 뛰는 속도가 빨라지고, 심하게 두근거림을 느끼게 된다. 숨도 잘 안 쉬어지기 때문에 이러다가는 바로 죽을 수 있겠다는 생각이 든다. 어지럽고 속이 울렁거리며 몸 전체가 떨리기도 한다. 이런 증상을 한 번이라도 겪으면 다시는 이와 같은 상황을 겪고 싶지 않다는 생각이 강하게 뿌리박힌다. '공황장애로는 절대 죽지 않는다'라는 지식이 어느 정도 알려졌지만, 그렇다 하더라도 이러한 공포감을 느끼는 것은 괴로운 일이다.

공황 발작이 언제 또 나타날지 모른다는 걱정도 환자들을 괴롭힌다. 이것을 예기불안이라고 하는데, 신경이 극도로 날카로워지고 건강염려증 경향도 보이며 발작이 나타난 장소나 유사한 상황을 피하려는 회피 반응이 동반된다. 공황장애는 보통 20대, 30대에게서 많이 나타난다. 한창 열심히 공부를 하거나 일을 하는 시기다. 중요한 일정을 앞두고, 혹은 공부와 일에 매진해야 하는 인생의 중요한 시기에 이러한 공황 발작이 일어날 걱정을 하면서 사는 것은 큰 스트레스다.

이러한 공황장애는 왜 나타날까? 여느 정신 질환과 같이 노르에피네프린, 세로토닌과 같은 뇌의 신경전달물질의 불균형이 공황장애의 원인으로 제시되고 있고 신체적·사회적 스트레스, 성장기의 외상 경험 등도 공황장애를 일으킨다고 알려져 있다. 정신분석이론에 따르면 공황 발작은 공황을 유발하는 무의식적 충동에 대한 방어가 실패하였기 때문에 발생하는 것으로 본다.

한의학에서는 정신적 스트레스나 과로로 인해 울화가 내부 장기에 쌓여 공황장애가 나타난다고 보고 있으며, 공황장애를 일종의 화병으로 보기도 한다. 또한 두려움, 공포의 감정은 신장과 연관이 많다. 두려움의 감정을 자주 느끼면 신장은 상하게 되고, 선천적으로 신장이 약하면 같은 스트레스에도 다른 사람들보다 더 잘 놀라거나 무서워하게 된다. 하지만 모든 감정은 심장에서 주관하므로 공황장애의 공포감, 두려움도 심장과 관련이 깊다. 심장이 약해져 있거나, 심장에 울화가 쌓이면 공황장애가 나타날 수 있다. 앞서 말했듯, 사회적·신체적·정신적 스트레스가 제때 해소되지 못하고 쌓이면 이것이 울화가 되어 병을 일으키는 것이다.

실제로 공황장애 환자 중에는 평소 불안이나 우울감을 잘 느끼지 못했거나 느끼더라도 스스로 괜찮다고 감정을 회피하거나 억압한 경우가 많다. 보통 책임감이 강하고 열심히 사는 분들이 많다. 주변에 걱정을 끼치고 싶지 않기 때문에 평소 힘들다는 이야기도 잘 하지 않는다. 지금과 같이 공황장애가 유명해진 것은 연예인들의 몫이 컸다. 많은 연예인들이 방송에서 공황장애를 앓고 있다고 고백했다. 전 국민이 좋아했던 예능 프로그램으로 인기를 얻었던 한 연예인은 갑자기 나타난 불안과 공황 발작으로 활동을 중단하기도 했다. 치료 후에 다른 프로그램에 나와서 '나의 밑천이 드러날까, 운이 다 되어서 더 이상 활동하지 못하고 잘못될까 봐' 하는 불안감이 컸다고 고백했다. 자타공인 국민 여가수로 사랑받는 한 연예인은 한때 불안과 우울, 그로 인한 폭식증으로 한동안 치료를 받았다고 고백했다. 그는 항상 불안함과 무기력을 느꼈고 먹고 자고를 반복했다고 했다. 지금은 잘 극복하여 건강한 모습으로 방송에 나와 다행스러운 마음이 들지만 그때의 심적인 고통은 견디기 힘들었을 것이라고 생각한다. 연예인들은 방송에 비춰지는 이미지가 매우 중요하다. 자기 자신을 항상 좋은 모습으로 포장해야 하고, 대중의 평가를 신경써야 한다. 인기가 떨어지거나 관계자에게 캐스팅되지 않으면 한순간 일자리를 잃게 되는 보장되지 않은 미래 또한 불안감을 높일 것이다. 또한 밤낮없는 촬영 스케줄로 과로는 늘 따라다닌다. 이때 적절한 스트레스 해소의 창구가 없다면, 혹은 정신적으로 무장이 되어 있지 않다면 '울화'가 쌓여 공황장애로 나타나기가 쉽다. 마찬가지로, 평소 바쁘다는 핑계로, 지금은 한가롭게 쉴 때가 아니라는 생각으로 나의 정신과 육체를 혹사시키고 있다면 공황장애가 올 확률이 높다.

공황 발작이 일단 나타났다면, 내 몸과 마음에 쉼을 줄 때이다. 일주일 중 하루는 나를 위한 시간을 갖고, 아무 생각 없이 쉬는 것이 좋다. 평소 좋아하는 취미를 갖거나, 근교로 나가도 좋다. 너무 바빠서 그럴 수 없다면 하루에 단 10분만이라도 가만히 내 마음의 소리를 들어주자.

삶은 우연한 기회에 예상치 못한 일로 채워진다

범불안장애

"제가 원래 어릴 때부터 남들보다 걱정이 좀 많기는 했습니다. 그런데 최근에는 하루 종일 불안해서 너무 힘들어요. 아침에 출근하기 전에는 오늘 회사에서 어떤 일이 있을지, 내가 실수해서 큰 일이 나지는 않을지부터 해서 옷을 입을 때도 이 옷을 입으면 사람들이 나를 이상하게 보지는 않을지 온갖 걱정이 밀려옵니다. 또 회사에서는 성과를 내야 하니까 내가 뒤처지고 있는 것 같은 마음에 불안할 때가 많습니다. 특히 스트레스를 받거나 신경 쓰이는 일이 생기면 자주 심장이 두근거리면서 불안해지는데 그럴 때마다 나에게 어떤 문제가 있는 것 같아서 더 불안해집니다. 부모님도 몸이 안 좋으신데, 갑자기 잘못되실까 봐 불안해지기도 합니다. 그러면 제가 혼자 어떻게 살아야 할지. 쓸데없는 걱정인 걸 알면서도 생각이 머릿속에서 떨쳐지지 않아요. 아, 또 혼자 집에 있을 때는 갑자기 누가 들어와서 공격할 것 같은 생각에 불안해집니다. 특히 욕실에서 샤

워할 때 현관문을 열고 들어와서 나를 해칠 것 같은 생각이 불현듯 들어서 샤워를 재빨리 하고 나갈 때가 많습니다. 그리고 불안해서 그런지 몸도 항상 긴장되어 있는 것 같아요. 어깨도 잘 뭉치고, 머리도 자주 아파서 진통제를 먹는데 이것도 잘 안 듣더라고요. 최근에는 더 피곤하고, 기력도 없고……. 그냥 누워만 있고 싶은데, 누워 있을 때도 온갖 불안한 생각들이 머릿속에서 떠나지 않습니다. 조금이라도 걱정 없이 편안해지고 싶네요……."

최소 6개월 이상 대인관계, 학업, 직장, 건강, 가족, 경제적 상황뿐 아니라 일상의 사소한 일에 관하여 지나친 걱정과 불안이 나타나는 것을 범불안장애라고 한다. 범불안장애는 걱정을 통제하는 것이 어렵고, 몸의 긴장과 불쾌감, 짜증, 수면 장애, 신경이 곤두서고 날카로운 느낌 등이 함께 나타난다. 또한 자율신경실조로 가슴이 두근거리고, 손발이 차며, 두통, 복통, 설사, 인후부 이물감, 과호흡, 어지러움 등의 증상이 나타난다. 과도한 불안감으로 결정을 잘 내리지 못하고 우유부단한 태도를 보이며, 불안 증상이 경감될 때에는 언제 또다시 불안이 심해질까 하는 예기불안이 나타나기도 한다.

범불안장애는 대개 10대 후반에서 20대 초반에 발병한다. 그러나 대부분의 환자는 진단되기 이전부터 불안한 경향을 갖고 있으며, 이런 불안감을 질환으로 인식하지 못하고 치료를 받지 않아 치료 시기가 늦어지는 경우가 많다. 대체로 신체 증상이 나타나서야 내과나 가정의학과를 찾아 검사를 하고 치료를 받게 되는데, 앞서 말했듯 이런 신체 증상은 원인이 불안이기 때문에 일반적으로는 각종 검사상에도 이상이 없다는 소견을 받는다. 보통은 그제야 정신건강의학과를 찾아 진단과 치료를 받게 된다.

범불안장애는 공황장애나 강박장애 등의 다른 불안장애와 함께 나타나는 경우가 많고 높은 확률로 우울증도 동반될 수 있다. 우울증과 불안장애가 함께 나타나는 경우 병이 만성화되어 치료가 오래 걸릴 수 있다. 또한 불안으로 인해 일상생활이 어려워지고 자신감, 자기 효능감이 낮아져 우울증이 함께 온다. 과도한 긴장과 불안으로 몸과 마음의 에너지를 다 써버리기 때문에 아무것도 하기 싫은 귀찮음, 무기력으로 우울감을 느끼는 것이다.

범불안장애 환자는 '사자 앞에서 오들오들 떨고 있는 토끼'의 모습과 같다. 사실 '사자'는 존재하지 않지만, 일상의 모든 것이 '사자'로 다가온다. 인간관계에서는 사람들이 혹시 나를 미워하지는 않을까, 나를 안 좋게 보지는 않을까 하는 걱정이 늘 따라다닌다. 그래서 늘 좋은 모습을 보이고 싶어 하며, 화가 나거나 불합리한 상황 속에서도 감정표현을 잘 하지 못한다. 따라서 불안장애 환자의 내면에는 분노가 있는 경우도 꽤 있다. 적절히 화를 내지 못했기 때문에 그 분노가 내면에 쌓여 해소되지 못하고 있는 것이다. 직장이나 학교에서는 공부나 일을 잘하지 못할 것에 대한 두려움, 다른 사람들보다 뒤처질 것에 대한 불안이 있다. 그래서 공부나 일을 즐기지 못하고 늘 성적이나 성과에 매달려 하루하루를 괴롭게 보낸다. 몸이 조금이라도 불편하면 이것이 혹시 큰 병이 아닐까 과도한 걱정을 한다. 병원에 가서 검사를 받고 이상이 없다는 결과가 나와도 혹시 오진이 아닐까, 찾아내지 못한 병이 숨어 있는 것이 아닐까 하는 생각에 안심하지 못한다. 그래서 여러 병원을 전전하며 의미 없는 검사를 반복하기도 한다. 범불안장애 환자에게는 이렇게 일상의 모든 일이 '사자'로 다가온다. 나는 토끼와 같아서 대응할 힘이 없는데, 내 삶에 늘 맹수가 쫓아다닌다면 그 삶이 얼마나 끔찍하겠는가.

범불안장애는 치료 기간이 오래 걸리고, 재발하는 경우도 많기 때문에 치료자뿐 아니라 환자 본인도 인내심을 갖고 꾸준히 치료해야 한다. 증상이 심한 경우 약물의 도움을 받을 수도 있으나 반드시 꾸준한 심리 치료를 통해 불안의 근본적 원인을 찾고, 현재의 비합리적 신념을 돌아보며 마음의 힘을 키워야 한다.

마음의 힘을 키운다는 것은 익숙해져 있던 생각과 감정의 회로를 자르고 뇌에 새로운 회로를 내는 것을 의미한다. 불안한 마음은 자동적으로 올라온다. 불안한 감정과 함께 몸이 긴장되며 심장이 두근거리는 신체적 불안이 함께 나타난다. 이것은 모두 나를 지키기 위한 뇌의 작용이다. 그것이 너무 과도해져 오히려 나를 해치고 있는 것뿐이다. 나에게 나쁜 일이 일어날 것 같은 걱정은 대부분 '거의 일어날 확률이 없거나', '설사 그것이 일어난다고 해도 큰 일이 아닌' 종류의 것이다. 하지만 불길한 생각은 내 마음대로 쉽게 끊어지지 않는다. 습관을 고치기 힘든 것과 같다. 그래서 오랜 기간 천천히, 반복적으로 만들어 가야 한다. 꾸준히 마음에 새 길을 내다 보면 어느 순간 비합리적인 생각에서 벗어나 불안을 다스릴 수 있게 된다.

불안한 마음이 올라올 때 이를 알아차리고, 이 생각이 비합리적 신념이라는 것을 상기하며 불안한 몸과 마음을 받아준다. 불안한 상황을 회피하는 것은 오히려 불안을 키울 수 있다. 힘들지만 견딜 만한 수준부터 일상생활을 회복하며 '불안하지만 큰 일은 일어나지 않는구나', '이렇게 해보니 불안이 좋아지는구나'와 같은 긍정적인 경험을 반복해 무의식을 변화시켜야 한다.

또한 우리의 삶에는 불확실한 상황이 반드시 있을 수밖에 없고, 내가 통제할 수 있는 것이 많지 않다는 사실을 인정할 수 있어야 한다. 범불안장애를 갖고 있는 경우 이 '불확실함'에 대해 인정하지 못한다. 불안하기 때문에 항상 모든 것을 미리 정해두려고 하고, 모든 상황이 내 눈에 보여야 안심을 한다. 하지만 세상에는 나의 통제를 벗어나는 일이 그렇지 않은 일보다 훨씬 많다. 이것을 받아들이지 못하면, 불안에서 결코 자유로울 수 없다. 내가 내 인생을 계획하고 이끌어가는 것 같지만 사실 우연한 기회에 예상치 못한 일들로 내 인생이 채워지는 경우가 훨씬 더 많다. 그래서 목표를 세우고 최선을 다하지만 그 결과는 맡기고 과정을 즐기는 태도를 갖는 것이 중요하다. 이런 태도는 내 삶을 더 풍요롭고 풍성하게 만들어준다. 어쩌면 나보다 이 세상은 더 많은 것들을 준비하고 계획하고 있을지 모른다.

한의학적으로 범불안장애는 심장이나 신장의 기능이 약한 것으로 본다. 심장은 모든 감정과 정서를 담당하는 장부로 심허한 경우 잘 놀라거나 불안하며, 꿈을 많이 꾸고, 두근거림, 가슴 답답함, 흉통의 증상이 나타날 수 있다. 대체로 얼굴이 희고 창백한 편이며 목소리가 작고 낮으며, 추위를 많이 타고 손발이 찬 경향이다. 신장은 두려움을 주관하는 장부이며, 인체의 생장, 발육, 생식, 노화 등을 담당하여 우리 몸의 뿌리와 같은 역할을 한다고 볼 수 있다. 신장이 허하면 요통, 이명, 어지러움, 피로, 호흡 부전, 식은땀 등이 나타날 수 있다. 쉽게 공포, 두려움을 느끼고 호흡이 깊지 못하며 소변이 잦거나 설사, 자궁이나 전립선 문제가 함께 나타나기도 한다. 한약과 침치료를 통해 약한 장부의 기능을 살리고 꾸준한 심리치료로 마음의 힘을 키운다면 범불안장애는 반드시 좋아질 수 있다.

발표만 하려고 하면 너무 떨리고 불안해요

사회불안장애

"저는 초등학교 때부터 발표하는 게 너무 싫었어요. 발표하는 상황뿐만 아니라 사람들한테 주목받는 상황이 불편하고 힘들어요. 그런데 대학교에 들어오니 발표를 마냥 피할 수만은 없더라고요. 조별 발표가 있으면 제가 자료 준비나 PPT 만들기를 한다고 하고 발표는 빠질 수 있겠는데, 요즘은 개인 발표 수업도 많으니까 마냥 피할 수만은 없어요. 어쩔 수 없이 하긴 하는데, 전날까지 수없이 연습을 해도 막상 발표 자리에 서면 머릿속이 하얘지고, 손이 떨리고 심장이 터질 것 같습니다. 얼굴도 빨개지고요. 목소리도 떨리니까 친구들이 나를 어떻게 볼까 걱정되기도 하고, 이런 제가 부끄럽고 싫습니다. 그리고 준비했던 내용을 제대로 전달하지 못하니까 발표 점수가 항상 안 좋아요. 누구보다 열심히 준비해 가는데, 매번 준비한 것의 반도 못하고 내려오니 허탈감도 듭니다. 극복해보려고 관련된 책도 사서 읽어보고, 스피치 강의도 들어봤는데 좀 좋아지는

듯하다가 다시 또 불안하더라고요. 앞으로 사회에 나가서는 발표해야 할 일이 더 많아질 것 같은데, 평생 이렇게 살아야 하는지 걱정이 됩니다."

앞의 사례와 같이 발표를 하는 등의 사회적 상황에서 불안도가 높아지고 이 때문에 사회적 상황을 회피하는 것을 사회불안장애, 또는 사회공포증이라고 한다. 사회적 상황이라는 것은 낯선 사람과 미팅을 하거나 대화를 하는 것, 다른 사람들이 보는 앞에서 음식을 먹는 것과 같이 관찰 당하는 상황, 연설이나 발표를 하는 것처럼 다른 사람들 앞에서 특정 수행을 해야 하는 상황을 말한다. 사회불안장애가 있으면 먼저 이러한 사회적 상황 자체가 두렵고, 더불어 다른 사람들로부터 부정적인 평가를 받거나 무시를 당하는 것에 대한 두려움도 크다.

사회불안장애는 생각보다 흔하지만, 사회적 상황을 제외하고는 일상에서 큰 불편감이 없는 경우도 있기 때문에 특별한 치료를 받지 않고 지내기도 한다. 하지만 꼭 발표를 하거나 무대에 서야 하는 직군이거나, 불안으로 인해 일상생활에서의 불편감이 큰 경우 병원을 찾게 된다.

발표를 할 때 불안해지는 이유는 무엇일까? 여러 사람들 앞에서 발표를 한다는 것은 사실 누구에게나 긴장되는 상황이다. 다수에게 나의 목소리를 내어 내 의견을 이야기하는 것은 굉장히 큰 위험부담을 감수하는 일이다. 기질적으로 모험을 즐기고, 새로운 것을 쉽게 받아들이는 사람의 경우에는 발표가 그렇게 어렵지 않다. 오히려 주목받는 것이 즐겁고 재밌다. 하지만 기질상 변화를 두려워하고, 불안도가 높은 사람에게 발표는 마치 공격받는 상황과 비슷하게 느껴진다. 그래서 이러한 사회적 상황을 본능적으로 피하려고 한다.

또한 인지적 왜곡, 역기능적 신념이 불안을 더 증폭시킨다. 사회불안장애가 있는 사람은 보통 3가지 정도의 대표적인 역기능적 신념을 갖는다. 첫째는 "나는 못난 사람이야, 나는 별로 매력이 없어."와 같은 자기에 대한 부정적 신념, 둘째는 "나는 모두에게 인정받고 사랑받아야 해."와 같은 사회적 수행에 대한 과도한 기준의 신념이고, 셋째는 "내가 실수를 하면 사람들은 나를 무시할 거야."와 같은 사회적 평가에 대한 조건적 신념이다. 즉, 나를 지나치게 깎아내리면서 본인에 대한 기준이 높고 타인에 대한 인정 욕구가 높은 상태인 것이다. 또한 부정적인 평가에 대해 민감하여 타인의 시선을 신경 쓰는 경향이 많다. 그래서 작은 신호에도 쉽게 예민해지고 부정적인 해석을 하게 된다. 예를 들면 발표를 하다가 우연히 관중석을 봤는데 누군가 고개를 숙이고 있었다고 할 때, 그것을 본인과 본인이 하는 발표에 대한 부정적인 평가라고 인식하여 더욱 발표에 집중하지 못하고 부정적 생각에 빠지게 된다.

발표를 할 때 나타나는 신체적, 인지적 변화가 오히려 더 불안을 강화하기도 한다. 얼굴이 빨개지고, 가슴이 두근거리고, 목소리가 떨리거나 정신이 멍해지는 등의 증상이 나타나면 발표 내용에 집중을 하지 못하고 떨고 있는 자신에게 집중을 하게 되면서 더 불안해진다. 거기에 다른 사람들도 이런 자신의 모습을 보고 무시하거나, 부정적인 평가를 할 것이라고 단정하면서 불안이 강화된다.

역기능적 신념이 있다면 이를 교정하고, 두려운 사회적 상황에 자신을 반복적으로 노출하며 긍정적 경험을 쌓으면 사회불안장애를 점차 극복할 수 있다. 가장 먼저 생각해봐야 할 것은 '나 자신의 가치'이다. 발표 상황이 두려운 많은 이유 중 하나는 나 자신에 대한 믿음이 부족하기 때문이다. 그동안 여러 사회적 상황에서의 실패를 경험하며 스스로 자신을 탓하거나 자신에 대한 가치를 깎아내려 왔을 것이다. 그래서 본인이 가진 다양한 장점들까지 보지 못하고 부족한 점만 더욱 증폭시켜 왔기에 자신감이 하락한다. 하지만 스스로 발표 말고도 좋은 점을 많이 가진 사람이라는 것을 반드시 알아야 한다. 결코 사회적 상황에서의 실패가 나의 가치를 규정할 수 없다. 사실 사람들은 내가 발표할 때 손을 떨거나 목소리를 떤다고 해서 그것만으로 나를 판단하지 않는다. 오히려 전달하는 내용에 집중하느라 내가 손을 떨거나 목소리를 떠는지 잘 알아채지 못한다.

사회불안장애를 치료하기 위해서는 자신을 발표와 같은 사회적 상황에 반복적으로 노출시켜야 한다. 두렵다고 회피하면 불안은 더욱 커진다. 하지만 두려운 상황이더라도 반복적인 경험을 하면 두려운 상황이 점차 편안해지고 발표에 대한 긍정적 인식이 강화될 수 있다. 발표를 망쳐도 크게 문제가 되지 않는 상황부터 시작해보는 것이 좋다. 오히려 '당연히 못할 거야'라고 생각하며 발표를 잘 하지 못하는 나를 받아들이고 시도해보는 것도 도움이 된다. '꼭 잘해야 해'라는 마음으로부터 자유로워져 한결 편안한 마음으로 발표를 할 수 있을 것이다.

불안이 우울이 되지 않게

불안과 우울은 붙어 다닌다. 불안하면 우울해지기 쉽고 우울하면 불안해지기 쉽다. 나도 우울과 불안을 함께 겪었고, 한의원에 오는 환자들도 대개 우울과 불안을 함께 호소하며 내원한다. 정신건강 질환의 진단에 가장 널리 사용되는 DSM(정신 질환 진단 및 통계 편람)의 분류에서도 초창기에는 불안장애와 우울증을 확실히 구분하는 것이 어려웠다고 한다. 통계상으로도 공황장애가 있는 경우 우울증 동반 확률은 47%이며 공황장애와 사회불안장애가 함께 있는 경우에는 우울증이 동반될 확률이 94%로 증가한다.

우울감은 불안감보다 다루기가 더 힘든 감정이다. 불안장애와 우울증을 치료할 때 불안장애가 먼저 좋아지고 우울증은 그다음으로 개선되는 경향이 있다. 불안이 우울이 되는 이유를 알기 위해서는 불안과 우울이라는 감정에 대해 더 살펴볼 필요가 있다.

먼저 불안부터 살펴보자. 우리의 모든 감정은 마땅히 그럴 만한 이유가 있어서 생긴다. 불안은 위험하고 생존이 위협받는 상황에서 자기 자신을 지키기 위해서 나타난다. 불안이라는 감정이 없다면 인류는 진작에 멸종했을 것이다. 불안감은 위험한 상황을 피하게 하고 미래를 대비하게 하여 생존 확률을 높인다. 우리는 어느 정도 불안하니까 공부도 하고, 돈도 모으고, 미래를 위한 투자도 한다.

그렇다면 우울감은 왜 생길까? 우울의 주요한 키워드는 무감동, 무의욕, 무기력이다. 우울할 때는 무엇을 봐도 기쁘거나 즐겁지 않고 감정이 메마르며, 무엇이든 하고 싶은 마음이 사라지고 만사가 귀찮아져 누워만 있게 된다. 쉽게 말해 우울은 '에너지 고갈'의 상태다. 내 모든 에너지를 다 끌어다 쓰고 적절한 휴식을 취하지 못해 찾아오는 것이다. "제발 좀 쉬어"라고 말하는 몸의 신호를 무시하고 해결하지 않으면 우울이 온다. 또한 당면한 문제가 어떤 방법을 써도 해결되지 않을 것 같을 때 우울이 온다. 인간은 해결할 수 없는 문제 앞에 마주하면 에너지를 쓰는 것보다 포기해 버리는 것이 효율적이라고 판단하여 손을 놔버리는 선택을 한다.

정리하자면, 불안을 겪느라 몸과 마음의 에너지를 몽땅 소진해 버리면 우울이 온다고 볼 수 있다. 불안을 극복하기 위해 이 방법, 저 방법을 다 써봤는데도 제자리인 것 같은 마음 때문에 우울증이 찾아온다는 것이다.

불안장애가 왔을 때, 불안을 빨리 해치워야 하는 불편한 감정이 아닌 내 몸과 마음이 아프다는 신호로 받아들이는 것이 중요하다. 불안을 적으로 인식하는 순간 불안과 맞서 싸우게 되고, 그럴수록 불안은 더 크게 자라난다. 불안을 없애고자 시도하는 다양한 방법은 도움이 될 때도 있지만 도리어 나를 지치게 만들기도 한다. 약도 먹고, 운동도 열심히 하고, 명상도 하고, 상담도 받았는데 불안이 없어지지 않는 것은 불안을 싸워야 하는 대상으로 삼았기 때문이다. 결국에는 지쳐서 불안 앞에 두 손 두 발을 다 들게 되고 결국 우울과 무기력이 찾아온다.

우리는 불안과 싸워 절대 이길 수 없다. 불안을 이길 수 있는 유일한 방법은 불안을 인정하고 불안한 나를 안아주는 것이다. 그러고 나서 불안과 더 잘 지낼 수 있도록 내 몸과 마음의 체력을 기르는 치료, 운동·명상·심리상담 등을 꾸준히 하는 것이다. 우울이 이미 찾아왔더라도 괜찮다. 완치까지 조금 더 오래 걸릴 수 있지만, 충분히 치료할 수 있다. 조급한 마음을 내려놓고 불안한 나, 우울한 나를 천천히 보듬어주자.

─────── 마음처방전 ───────
불안이 꽤 오랫동안 지속되고 있다면

불안감은 불쾌한 감정이다. 무언가 잘못될 것 같은 초조함과 같은 부정적인 생각이 반복해서 떠오르는 것은 매우 괴로운 일이다. 보통 동반되는 신체적 증상인 두근거림, 가슴 답답함, 복통, 두통, 이명, 불면 등이 함께 나타나면 견디기가 더욱 힘들다. 그래서 불안함을 가진 사람은 하루빨리 이 '불안이라는 병'을 해치워야겠다는 생각이 자연스럽게 올라온다. 그때부터 불안을 치료하려고 열심히 노력한다. 병원에서 약도 처방받고, 심리 상담 치료도 병행한다. 운동이 도움이 된다기에 헬스장도 등록하고 매일 열심히 운동도 한다. 불안에 도움이 된다는 것은 다 찾아서 해본다.

　이러한 방법들을 통해 불안이 호전된다면 다행이다. 그런데 사실 더 큰 문제는 그 이후에 있다. 좋아진 것 같던 불안의 증세가 어느새 다시 고개를 내민다. 이제 조금 살 만해졌다고 생각했는데, 일상에서 다시 스트레스 받는 일이 생기니 또 급격히 불안감이 올라온다. 이때는 전보다 더 불안해진다. 나름대로 불안을 치료하기 위해 많은 노력을 기울였는데, 그 모든 노력이 헛된 것 같고 앞으로도 불안을 치료할 수 없을 것 같은 생각, 평생 불안을 달고 살아야 하는 것은 아닌지 걱정이 들기 때문이다. 실제로 이럴 때 불안이 전보다 더 악화되는 경우가 많다. 치료에 대한 희망이 사라지고, 자포자기하고 싶은 마음이 생긴다. 불안은 만성화되고 약에 더욱 의지하게 된다.

이처럼 만성화된 불안은 그 자체로 불안을 강화한다. 좀처럼 낫지 않는 불안 증세를 개선하기 위해 병원을 바꾸거나 약을 바꿔보기도 하고, 운동을 더 열심히 해보기도 한다. 이런 노력에도 불안은 여전하거나 오히려 더 심해지기도 한다. 이쯤 되면 조급한 마음이 생긴다. 불안감이 올라올 때마다 더 강하게 저항한다. 불안한 마음과 신체 증상이 나타나면 자동적으로 비관적, 부정적 생각이 이어진다.

하지만 이런 부정적 생각과 조급함은 불안장애의 치료에 도움이 되지 않고 오히려 병을 더욱 키울 수 있다. 아무리 불안감이 오래되었더라도 반드시 좋아질 수 있다는 믿음과 희망을 갖고 치료를 받아야 한다.

불안으로 인해 나타나는 몸과 마음의 증상은 우리 몸과 마음이 우리에게 보내는 신호이다. 내 안에 아직 불안의 요소가 내재되어 있는데, 그것을 제대로 봐주지 않고 단순히 불안감만을 없애려하면 불안은 쉽게 사라지지 않는다. 불안할 수밖에 없었던 과거의 나, 내 안에 해결되지 않은 상처와 아픔을 바라봐주고 충분히 그 아픔을 느껴주어야 한다. 내 안에 어떤 마음들이 있는지 관심을 갖고 끊임없이 물으며 들어줘야 한다.

또한 '불안을 없애기 위한 노력'을 하기보다, '불안을 수용하는 마음을 키우기 위한 노력'을 해야 한다. 모든 감정은 억제하거나 억압하고 회피할수록 더욱 커진다. 마음챙김과 수용, 명상을 통해 불안을 껴안을 수 있는 마음을 기르도록 해야 한다. 이 과정도 절대 조급할 필요가 없다. 잘 하려고 하는 마음을 갖기보다 천천히, 꾸준히 할 수 있는 만큼씩만 하면 된다.

처음엔 수용까지 하려 하지말고 우선 알아차리기만 해보자. 불안을 알아차리고 있는 그대로 바라보는 '마음챙김'을 먼저 해보는 것이다. 불안할 때 내 심장이 어떻게 뛰는지, 호흡은 어떻게 하고 있는지, 지금 어떤 생각이 드는지, 어떤 감정이 느껴지는지를 어떠한 판단과 평가 없이 알아차려보는 것이 큰 도움이 될 것이다.

인간이 어느 정도의 불안감을 느끼는 것은 당연한 현상이다. 불안할 만한 상황에서 불안이 나타난다면 그것은 정상적인 것이다. 가끔 감정기복 없이 항상 평온했으면 좋겠다고 말하는 환자들이 있다. 하지만 감정을 느끼지 못하면 그것은 사람이 아니고 로봇과 다르지 않다. 불안감이 너무 힘들어 저런 표현이 나오는 것임을 잘 알고 있지만, 우리는 여러 감정을 느낄 때 가장 풍요롭고 행복하게 살아갈 수 있다는 사실을 이해해야 한다. 불안과 우울, 슬픔이 있어야 기쁨과 즐거움도 있는 것이다.

불안은 아주 서서히 점차적으로 자취를 감춘다. 매일 또 불안해지면 어떡하지 걱정하다가 점점 그 빈도가 줄어들고 어느 순간 '내가 불안했었나?' 하는 생각이 든다. 사람마다 좋아지는 속도가 다르지만, 불안장애는 반드시 치료되는 질환이다. 다만, 조급한 마음을 버리고 자신과 치료자를 믿고 천천히 충분한 시간을 갖고 극복해 나가야 한다. 불안한 나를 받아들이고 천천히 몸과 마음을 건강하게 만들다 보면 불안은 어느새 사라질 수 있다.

PART 2.

한의학에서 보는
불안과 치료

몸이 건강하면 마음도 건강해진다

불안장애 치료를 위해 정신건강의학과에서 처방하는 약은 주로 뇌의 신경전달물질을 조절해주는 약물로 세로토닌재흡수억제제SSRI, 세로토닌-노르에피네프린재흡수억제제SNRI, 벤조디아제핀이 주로 처방된다. 신경전달물질을 조절해 불안을 치료한다고 하니, 신경전달물질의 불균형이 불안의 원인인 것처럼 생각하기 쉽다. 그러나 불균형은 사실 원인이 아니라 결과에 가깝다.

서양의학은 질병에 초점을 맞춘 의학이다. 몸에 이상이 생겼을 때, 그것을 어떠한 '질병'이라고 이름 붙이고 이 질병의 원인을 제거하는 방식으로 발전했다. 그래서 눈에 보이는 원인이 뚜렷한 감염성 질환, 외과 질환 등의 경우에는 치료 효과가 매우 뛰어나다. 세균에 대해서는 항생제를 쓰고 종양은 수술로 제거하는 식으로 말이다. 하지만 눈에 보이는 명확한 원인이 없는 경우에는 치료가 요원하다. 분명히 몸이 아파서 병원에

갔는데, 여러 검사를 해봐도 이상이 없다는 소리를 듣고 오는 경우가 이에 해당한다.

반면 동양의학, 한의학은 '인체', 더 정확히 말하면 인체의 '건강'에 초점을 맞춘 의학이다. 몸이 아프면 건강하지 않은 상태로 보고 건강하게 만드는 것을 우선으로 한다. 그래서 한의학에서는 병명이 그다지 중요하지 않다. 실제로 몸에 나타난 증상들을 세심하게 살피는 것을 더 중요하게 생각한다. 몸에 나타나는 통증, 불편감 등이 언제부터 나타났는지, 어떨 때 심해지는지, 해당 증상 이외에 다른 연관 증상은 없는지 몸 전체를 아울러 살핀다. '질병' 자체가 아니라 몸이 '건강'한 상태인지, 아닌지를 보는 것이다. 건강하지 않은 몸을 건강한 상태로 되돌리는 것을 치료로 본다.

건강한 상태란 신체적, 정신적, 사회적으로 활력이 있고 에너지가 넘치는 상태를 말한다. 단순히 병원에 가서 검사했을 때 이상이 없는 상태를 말하는 것이 아니다. 건강하려면 우리 몸과 마음, 오장과 육부, 기와 혈 등이 조화로워야 한다. 어느 하나의 기운이 강하거나, 모자라거나 하여 치우쳐 있다면 건강하지 않은 것이다. 그래서 건강한 상태를 만들기 위해 모자란 부분을 채워주고, 넘치는 부분을 덜어준다. 기가 약하면 기운을 올려주는 약을 쓰고, 혈이 한 곳에 뭉쳐 막혀 있으면 혈을 풀어주는 약을 쓴다. 또 심장의 기운이 약하면 심장의 기운을 올려주는 약을 쓰고 체온이 너무 낮으면 따뜻한 약재로 체온을 높여 치료한다.

한의학의 정신치료도 마찬가지다. 한의학은 정신 질환을 바라볼 때도 몸과 마음 전체를 두고 건강한지를 살폈다. 마음의 질병이라고 마음으로만 국한하여 보지 않는 이치이다. 한의학의 중요한 개념 중 하나인 '심신일여'의 관점이 이것이다. 몸과 마음은 떨어진 것이 아니라 하나라는 것이다. 한의학은 전체를 두고 생각하며, 모든 것이 서로 연결되어 있다고 보았기 때문에 사실 몸과 마음만 분리되어 있다는 것이 오히려 이상한 것이 된다.

한의학에서는 여러 감정이 몸의 장부에 배속되어 있다고 본다. 간은 분노, 심장은 기쁨, 폐장은 슬픔, 신장은 두려움의 감정과 연관되어 있다. 사실 우리가 자주 사용하는 언어를 통해서도 이 관점은 널리 알려져 있다. 보통 두렵고 무서운 상황을 갑자기 만났을 때 "간이 콩알만 해진다", 겁도 없이 큰일을 하려고 할 때 "간이 부었다", 아니꼽고 기분이 나쁠 때 "비위가 상한다", 예기치 못한 충격을 받았을 때 "심장이 덜컥 내려앉았다" 등 장부에 빗대어 감정을 표현하는 경우들이 많다.

실제로 불안할 때를 한 번 생각해보자. 불안은 감정이고 마음에 속하는 것이지만, 그 반응은 몸으로 함께 나타난다. 심장이 두근거리고, 식은땀이 나며, 손발이 차가워지고, 호흡이 가빠진다. 이러한 몸의 반응이 극대화되어 나타나는 것이 공황장애이다. 앞서 살펴본 신체화장애도 불안과 우울의 감정이 다양한 몸의 반응으로 나타나는 질환이다.

불안이 심해질 때는 언제인가? 몸의 컨디션이 나쁘면 불안

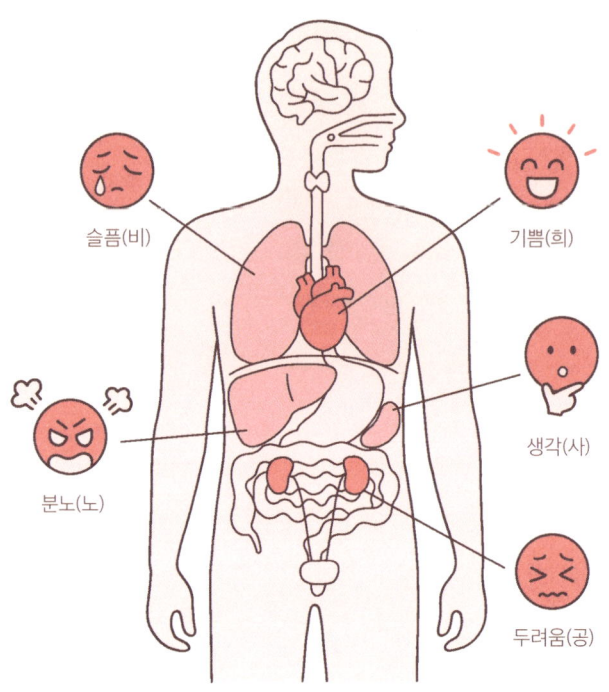

이 심해진다. 평소에는 불안감이 그럭저럭 잘 유지되다가 과로를 해서 몸이 피곤해지거나 소화가 안 되어서 배가 아프면 다시 불안이 심해진다. 반대로 몸이 건강하면 마음이 쉽게 동요되지 않는다. 그래서 운동으로 근력을 만들고 체력이 좋아지면 불안 증세도 호전될 수 있다.

이렇게 한의학에서는 몸과 마음 전체를 아우르는 치료를 한다. 불안을 일으킨 근본적 원인이 심리적 요인인지, 신체적 요인인지 찾고 우리 몸의 각 장부와 기혈의 치우침 등을 함께 고려한다. 몸 전체를 균형 잡힌 상태로 만드는 '건강한 상태'로의 회복이 치료의 목표이다.

　최근 서양의학에서도 몸과 마음을 분리하지 않고 하나로 보는 흐름이 나타나는 추세이다. 뇌의 신경전달물질인 세로토닌의 90%가 장에서 만들어지며 장내 건강 상태가 정신 건강과 밀접한 관련이 있다는 사실은 이미 오래전에 밝혀졌다. 또한 스트레스 상황에서 자율신경의 불균형이 두통, 피로감, 복통, 다한 등의 증상을 만드는 자율신경실조증도 이제는 널리 알려진 개념이다.

　몸과 마음은 하나이다. 그래서 마음이 아플 때는 몸도 함께 치료해야 하며, 몸이 아플 때는 마음에 병이 오지 않을지 살펴야 한다. 마음과 몸이 보내는 신호에 귀 기울이며 불균형을 균형으로 만드는 건강한 상태를 회복시켜야 불안에서 벗어날 수 있다.

심장 기능이 약해지면 불안해진다

이별의 아픔을 노래하는 유행가의 가사에는 '심장이 없어', '구멍 난 가슴', '가슴 아파서'와 같은 말들이 많다. 실제로 누군가를 너무 사랑하다가 어쩔 수 없이 헤어질 때 가슴이 찢어질 것 같은 통증을 느끼기도 한다. 마음이 아플 때의 실체적 고통은 심장으로 온다. 차라리 심장이 없어졌으면 하는 마음이 들기도 한다. 불안이라는 감정도 마찬가지로 심장의 변화를 가져온다. 극도의 공포감을 느끼는 공황 발작이 나타날 때를 생각해보면, 호흡이 가빠짐과 동시에 심장이 두근거리고 가슴이 조이며 통증이 나타나는 경우가 많다. 또 큰 충격을 받거나 심한 슬픔을 느낄 때 우리는 가슴 부분을 치거나 부여잡기도 한다.

한의학은 관찰과 경험의 의학이다. 한의학에서는 오래전부터 감정의 변화가 나타날 때 심장에 증상이 나타나고, 심장 기능에 이상이 있을 때 감정 조절이 어렵거나 정서 기능에 문제가 생긴다는 관찰을 바탕으로 심장이 정신적 기능과 관계가 있다고 보았다.

그래서 한의학에서는 정신과 심장의 관계와 정신을 주관하는 심장의 중요성을 강조한다. 이를 '심주신명'이라고 하여 인간의 모든 정신활동을 심장이 주관하는 것으로 인식하였으며, '심자 군주지관'이라 하여 심장은 오장육부의 최고 통수자이며 핵심적 장기로서 인체의 일체 생명활동과 모든 정신활동을 주관한다고 여긴다. 심장은 '양중지태양'으로 강대한 양기를 가진 장기이다. 전신의 혈맥을 통해 혈액을 내보내 영양을 공급하고, 체온을 유지하며, 다양한 인체 생리활동을 추진시킨다. 인체의 생명활동을 주관하므로 심장이 기능을 한다는 것은 말 그대로 살아 있다는 뜻이며 심장이 기능을 멈춘다는 것은 죽음을 의미한다. 이와 같이 심장은 강력한 에너지를 가진 장기로 모든 육체 활동과 정신 활동을 통솔하고 다스리는 역할을 한다.

현대에 와서는 우울증, 불안장애를 비롯한 다양한 정신적 문제가 심장 질환과 관련이 높다는 것이 밝혀지고 있다. 존스홉킨스 메디컬 센터의 정신과 의사인 맥캔McCann 박사는 "불안장애는 심장병에 중요한 영향을 끼치며 심장병의 회복을 방해한다."라고 하였다. 또한 심혈관 질환을 가진 사람은 불안이 나타날 확률이 더 높다고도 알려져 있다. 관상동맥질환 환자의 범불안장애 유병률은 11%, 평생 유병률은 26%이고 심부전 환자의 범불안장애 유병률은 14%로 일반 인구의 범불안장애 평생 유병률인 3~7%보다 훨씬 높다.

현대의학의 발달로 우리는 사실 '심장'이 아닌 '뇌'에서 우리의 감정과 사유가 나온다는 것을 알고 있다. 그렇다면 계속 심장을 강조하는 한의학 이론은 이제 폐기해야 하는 이론일까? 그렇지 않다. 한의학에서도 뇌에 대한 이해가 물론 있었다. 한의학에서 뇌는 '두자 정명지부'라고 하여 사고활동을 하는 뇌를 인식하고 있었다. 한의학은 뇌보다 심장의 기능을 더욱 강조하였을 뿐이다. 왜 한의학은 심장의 기능을 더 강조하고 있을까?

심장과 뇌는 서로 영향을 주고받지만, 일반적으로 심혈관에 먼저 문제가 생기고 이것이 뇌에 문제를 일으키는 경우가 더 많다. 그래서 심혈관을 '형', 뇌혈관을 '동생'이라고 부르기도 한다. 심혈관 이상이 있는 경우 뇌로 가는 혈관에 이상이 발생할 확률이 높다. 고혈압, 고콜레스테롤혈증으로 인해 동맥이 막히고 염증이 생긴 경우 알츠하이머나 치매 발생률도 높아진다. 한의학은 앞서 말했듯 관찰과 경험의 의학이다. 경험적으로 또 오랜 시간 관찰의 결과, 심장이 건강해야 뇌가 건강하고, 정신이 건강하다는 것을 알았던 것이다. 또한 한의학은 유기적인 관점에서 인체를 바라봄으로 정신 활동이 '뇌'에서만 나타난다고 국한하여 보지 않는다. 각 장부에 우리 정신이 깃들어 있고 각 장부가 제 기능을 해주어야 몸과 마음이 조화로운 상태가 된다고 보았다.

그래서 불안장애나 우울증 등으로 한의원을 찾으면 심장 기능의 문제를 먼저 살핀다. 우울증, 불안장애를 앓는 사람은 꼭 기질적으로 심장에 문제가 생긴 경우가 아니더라도 심장 기능이 약해져 있거나 심장에 울화가 쌓여 있는 경우가 많다. 한약과 심리치료를 통해 심장의 기능을 강화하고 쌓인 울화를 해소하는 것이 주요 치료법이 된다.

최근 한 30대 여자 환자가 가슴 두근거림과 불안을 함께 호소하며 내원했다. 증상은 긴장상황에서 더욱 악화된다고 하였고, 20대 때는 정신을 잃고 쓰러진 적도 있다고 하였다. 또 평소에도 긴장을 많이 하고, 답답한 공간이 힘들다고 하였다. 정신과 약물도 복용해보고, 여러 검사도 받아보았으며 스스로 병을 낫게 해보려고 식단과 운동도 철저하게 하고 있었다. 그런데 증상은 여전히 호전되지 않아 한의원에 내원했다. 추위를 많이 타고 오후에 하지부종이 심하며 맥은 매우 가늘고 가라앉아 있는데 박동 수는 빨랐다. 맥진과 문진을 통해 종합한 결과 심장의 기능이 약한 '심기허'로 진단을 내렸고 심장 기능을 보하는 한약을 복용하며 심리상담과 침치료를 병행하였다. 한약 3개월 복용 후 불안과 심장 두근거림 증상이 반 이상 줄어들었다. 실제로 이 환자는 '심장에 힘이 생긴 것 같다'라고 표현해주었다. 현재는 일상생활에 무리가 없을 만큼 호전되어 치료를 마쳤다.

불안과 우울이 찾아올 때 보통 뇌의 문제만 원인이라고 생각하지만 임상 현장에서 치료를 해보면 심장을 비롯한 우리 몸 전체를 고려해야 하는 경우가 많다. 선천적으로 심장이 약하게 태어난 경우에는 다른 사람들보다 쉽게 불안해지고 작은 자극에도 긴장하게 된다. 이런 경우 불안장애나 우울증으로 이어지기가 쉽기 때문에 이를 보하는 약을 써서 치료하며 악화되지 않도록 지속적으로 관리하는 것이 중요하다. 스트레스나 과로 등도 심장 건강에 영향을 준다. 평소 스트레스가 많거나 감정을 잘 표현하지 못하고 꾹꾹 참는 사람들은 체열검사를 해보면 심장과 머리 부분이 빨갛게 나온다. 화울이 쌓인 것이다. 이 열을 식혀주고 내려주는 치료를 하면 여러 신체 증상과 정서 증상이 해소된다.

평소에는 심폐기능을 강화하는 유산소 운동을 꾸준히 해주는 것이 좋다. 뛸 때는 숨이 찰 정도로 달리는 것이 좋다. 단, 운동을 한 후 증상이 더욱 악화되거나 피로감을 많이 느끼는 경우에는 운동 강도를 낮추는 게 좋다. 뛰는 것이 힘들다면 천천히 걷기부터 시작해보자. 또 심혈관 기능을 좋게 하기 위해서는 가공된 음식이나 정제 탄수화물, 붉은 고기류의 섭취를 줄이고 신선한 채소와 과일, 복합탄수화물의 섭취를 늘리는 것이 좋다.

이유가 있는 감정들, 자연스럽게 흘려보내기

우리가 항상 기쁘고 즐거운 감정만 느낄 수 있다면 얼마나 좋을까? 왜 굳이 슬프고, 우울하고, 불안하고, 화나는 감정을 느껴야 할까? 누구나 한번쯤 이런 생각을 해봤을 것이다. 특히 불안과 우울을 경험하는 사람들이라면 더욱 그럴 것이다. 실제 환자들과 이야기를 해보면 대부분 우울과 불안이 없는 세상에 살고 싶다고 이야기한다. 이 세상에 오직 웃음과 즐거움만이 가득해서 부정적인 감정은 안 느꼈으면 좋겠다고 한다. 하지만 과연 그런 상태가 되면 행복할까?

한의학에서는 감정을 7개로 나누고 칠정이라고 불렀다. 기쁨喜, 분노怒, 근심憂, 사려思, 슬픔悲, 두려움恐, 놀람驚의 7가지 감정이다. 이러한 7가지의 감정은 우리의 오상인 간, 심, 비, 폐, 신에 배속되어 기능을 발휘한다. 간은 분노의 감정을 담당하고, 심장은 기쁨의 감정을, 비장은 근심과 사려를, 폐장은 슬픔을, 신장은 두려움과 놀람의 감정을 담당한다. 이 모든 감정이 적당하게 발현되며 조화를 이룰 때 건강하다. 인간은 누구나 때로는 화를 내며, 뛸 듯이 기쁠 때도 있고, 슬픔에 빠져 지내기도 하며, 근심과 걱정에 휩싸일 때도 있으며, 두렵고 놀람의 감정을 느끼기도 한다.

정상적인 상황에서 이러한 감정과 정서적 변화는 별 문제를 일으키지 않는다. 하지만 하나의 감정을 특히 강하게 느끼거나 특정 감정 하나가 장기간 지속되는 경우에는 정신적 질환뿐 아니라 신체적 질병까지 일으키게 된다. 특별히 한의학에서는 질병의 원인으로 '칠정상'을 중요시했다. 칠정상은 정서적 변화가 정상 범위를 넘어 질병을 일으키는 수준에 이르렀음을 뜻한다. 칠정상은 질병의 원인을 분류할 때 인체 내부적 요인을 뜻하는 '내상병인(내인)' 중 가장 중요한 원인이다.

모든 감정은 지나치게 과잉된 경우에 문제를 일으킨다. 지나친 감정은 우리 몸 에너지인 '기'의 변화를 일으켜 장부의 기능과 기혈 순환에 장애를 만들고 여러 병증을 유발한다. 분노의 감정이 지나친 경우에는 기가 상역하게 된다. 심하게 화를 내거나 화나는 감정이 풀리지 않고 지속되면 기를 따라 혈이 인체 상부로 올라가 얼굴이 붉어지고 열이 나며 두통, 안구 충혈, 심계 항진 등을 일으키며 심하면 뇌출혈을 일으켜 쓰러지게 만들기도 한다. 기쁨이 지속되면 어떨까? 우리가 바라는 대로 좋은 일들만 생길까? 결코 그렇지 않다. 물론 기쁜 감정은 심기를 이완시켜 기혈 순환을 돕는다. 하지만 기쁨이 지나치면 기운이 흩어져 수렴되지 못해 심신이 상하게 된다. 이 말은 매일 기쁘기만 한 삶은 우리의 몸과 마음을 너무 이완시켜서 오히려 몸과 마음을 해치게 된다는 것을 의미한다. 삶에서 적당한 긴장감과 스트레스는 반드시 필요하다. 아무 일 없이 편안하면 좋을 것 같지만 막상 그런 상황이 되면 오히려 기운이 빠지고 우울해지고 무기력해지기도 한다.

한편 지나친 근심과 사려는 기를 정체시킨다. 걱정이 많아 끊임없이 생각을 하는 사람은 소화 기능에 문제가 많다. '소화가 잘 안 되어 왔어요. 배가 더부룩해요.'라며 한의원을 찾는 사람들을 진료해보면 스트레스가 많고 복부가 딱딱하게 뭉쳐 있는 경우가 많다. 기가 정체되면 소화기에 담적을 만들고 이는 소화 기능의 저하로 이어진다. 슬픔이 지나치면 기를 소모시킨다. 폐 기운을 소모시켜 숨을 쉬는 것이 힘들어지고 말소리도 작아지며 쉽게 지치고 피곤하게 된다.

두려움의 감정은 기를 아래로 내리고 움츠러들게 만든다. 두려운 감정이 커지면 기운이 위로 올라가지 못해 대소변실금, 설사, 하복부 불편감 등이 나타날 수 있다.

한의학은 조화와 균형을 중요시하는데 기와 혈, 한과 열, 허와 실, 오장육부의 기능 어느 하나 치우침이 없을 때 건강한 상태로 보았다. 감정과 정서도 예외는 아니다. 건강한 상태에서는 모든 감성들이 우리의 삶에서 때에 맞게 적절히 반응한다. 한의학에서는 크게 7가지로 감정을 나누었지만 실제로 우리가 느끼는 감정은 더욱 다양하다. 이런 다양한 감정 덕분에 우리의 삶이 더욱 풍요로워진다. 슬픔을 느낌으로 기쁨을 더욱 만끽할 수 있고, 두려운 마음 뒤에 뿌듯한 성취감을 느낄 수도 있다. 때로는 누군가 때문에 화가 치밀어 오르지만 그 뒤로 오해를 풀고 절친한 사이가 되는 경우도 있다. 이처럼 감정은 우리의 삶을 아름답고 다채롭게 만드는 도구이다. 우리 삶의 곳곳에 나타나 삶의 서사를 만드는 양념 같다고 할 수 있다.

이러한 감정이 지나쳐 병이 되지 않게 하려면 어떻게 해야 할까? 감정이 올라올 때 그 감정을 있는 그대로 느껴야 한다. 내 마음대로 어떤 감정은 좋은 것이라고 생각하고, 어떤 감정은 나쁜 것이라고 치부하여 특정 감정을 느끼지 않고 눌러 놓는 것이 아니라 있는 그대로의 마음을 바라봐주는 것이 중요하다. 특히 부정적 감정으로 여겨지는 '분노', '우울', '불안'의 감정들이 올라올 때 이를 무조건 피하지 말아야 한다. 내가 슬프고 우울하고 화가 나고 짜증이 나는 것은 모두 그럴 만한 이유가 있기 때문이다. 피하지 않고, 억누르지 않고 느껴주면 감정은 쉽게 작아지고 어느 순간 사라진다. 감정은 왔다가 흘러가는 것이다. 오랫동안 감정을 억압하고 회피한 경우에는 이것이 쉽지 않을 수 있지만, 꾸준히 감정을 느끼는 연습을 하다 보면 점차적으로 쉽게 감정을 흘려보낼 수 있게 된다.

모든 감정이 적당히 조화로울 때 우리 삶이 빛난다. 빨주노초파남보의 색을 가진 무지개가 아름답듯, 각각의 감정이 각자의 역할을 해줄 때 우리 삶은 다양한 색으로 빛날 것이다.

불안의 다양한 증상과 원인

불안장애는 한의학 문헌에 어떻게 설명되어 있을까? 현대 의학의 분류 체계와 정확히 일치하는 것은 아니지만 한의학에도 불안장애와 유사한 증상을 설명하는 질환명이 있다. 바로 '경계'와 '정충'이다. 경계와 정충은 모두 가슴이 두근거리고 맥박이 불규칙하며 잘 놀라고 마음이 불안한 것을 자각하는 증후를 뜻한다. 둘의 차이점을 보면 '경계'는 스트레스나 정신적 자극 등의 유발인자가 있으며 발작시간이 짧고 간헐적으로 나타나는 반면, '정충'은 특별한 유발인자 없이 나타나며 지속시간이 비교적 길다는 것이다.

현대의학에서는 '불안장애'를 공황장애, 범불안장애, 사회불안장애, 강박장애 등의 하위 항목으로 분류하였으나 한의학은 경계와 정충을 '변증'의 방법을 통해 분류하였다. 변증이란 병명으로 질병을 분류하는 것이 아니라 나타나는 증상군을 모아 분류하고 질환의 원인과 치료법을 찾는 과정을 통칭하여 이르는 말이다. 따라서 같은 불안장애나 공황장애라도 사람마다 다양한 변증으로 분류될 수 있다.

예를 들어 똑같이 불안감이 극심하여 내원했더라도 어떤 사람은 추위를 많이 타고 소화가 잘 안 되는 사람이 있고 어떤 사람은 얼굴로 열이 잘 달아오르고 설사가 잦은 사람이 있다. 이 외에 스트레스의 정도, 현재 거주환경, 식습관 등이 모두 다를 것이다. 한의학에서는 이 모든 것을 총체적으로 종합하고 변증의 과정을 거쳐 최종 진단을 내리게 된다. 열증인지, 한증인지, 각 장부 기능이 허한지, 실한지, 불필요한 습담 때문인지, 어혈이 정체되어 나타나는 증상인지 등으로 분류하여 치료의 방향을 정한다. 따라서 변증은 같은 병명을 가진 환자라도 매우 다양하게 나올 수 있다.

다음에서는 경계와 정충에서 대표적으로 나타나는 6가지 변증을 설명해본다. 하나씩 읽어보면 정말 다양한 케이스가 있다는 것을 확인할 수 있을 것이다.

1. 심담허겁心膽虛怯

심과 담의 기능이 약하면 작은 일에 크게 놀라는 경향이 있다. 큰소리를 듣거나 높은 데 올라가거나 위험한 곳을 가게 되면 가슴이 두근거리고 극도의 공포감을 느낀다. 또한 꿈을 많이 꾸고 식사량이 적은 경향이 있다. 이 경우 심장 기능을 강화하고 정신을 안정시키는 치료를 하게 된다.

2. 심비양허 心脾兩虛

심장과 비장의 기운이 부족하면 가슴 두근거림과 함께 호흡이 짧고, 어지럽고 얼굴색이 누렇거나 푸석하며 쉽게 피로한 경향을 보인다. 또 소화 기능이 저하되어 입맛이 없고 배에 가스가 잘 찬다. 심장 기능과 소화기 기능을 동시에 보하는 처방으로 치료한다.

3. 심기부족 心氣不足

심장 기능이 저하된 사람은 추위를 많이 타고 체력이 저하되며 두통이나 어지러움이 잘 나타난다. 또 조금만 움직여도 땀이 잘 나고 활동 시 두근거림이 심해진다. 얼굴색이 흰 편이 많고 오후에 다리로 부종이 생기기도 한다. 심장의 양기를 보하는 치료를 한다.

4. 심음휴허 心陰虧虛

심장의 전신으로의 영양 작용이 부족할 때에는 가슴이 답답하고 잠을 잘 이루지 못하며 입이 마르고 열감이 느껴지기도 한다. 얼굴이나 손발이 가끔 뜨거워질 때가 있고 잘 때 주로 땀이 나서 심하면 아침에 일어났을 때 이불이 젖어 있기도 하다. 음혈을 보충하고 심장을 안정시키는 치료를 한다.

5. 간신음허 肝腎陰虛

간과 신장의 음기가 부족해진 간신음허는 주로 갱년기에 많이 나타난다. 얼굴로 열이 달아오르거나 갑자기 화나 짜증이 치밀어오를 때가 있다. 불면이나 어지러움, 이명이 나타나는 경우도 있으며 허리 통증을 동반하기도 한다. 간과 신장 기운을 보하는 치료를 시행한다.

6. 담음내정痰飮內停

불필요한 노폐물이 쌓여 심장의 기능을 방해해 가슴 두근거림과 답답함, 더부룩한 증상이 나타난다. 가래가 많으며 식사량이 적고 배가 빵빵하다. 헛구역질을 하거나 심하면 구토가 나타나기도 한다. 담음을 제거하고 기를 소통시키는 치료를 진행한다.

이렇게 6가지 변증으로 경계와 정충을 분류했지만 앞서 말했듯이 상황에 따라 훨씬 더 다양한 변증이 드러날 수 있다. 또한 두 가지 이상의 변증으로 함께 진단이 될 수도 있다. 일반적으로 가장 주 요인이 되는 부분을 먼저 치료하고 이후에도 증상이 남은 경우 다른 원인도 함께 보고 치료한다. 그래서 한의학에서는 병명보다는 그 사람이 가진 다양한 증상들과 체질, 환경, 식습관 등을 훨씬 중요하게 본다. 불안장애에서도 현재의 불안감이 나타난 근본적인 원인을 찾는 것을 가장 우선시 한다.

원인을 정확하게 찾으면 치료는 쉬워진다. 심장 기능을 강화하거나 담음을 제거하거나 부족한 심혈을 보해주는 방법으로 치료가 이루어진다. 더 나아가 장부 기능을 약화시킨 사건이나 과거의 상처가 있다면 심리치료를 통해 자생할 수 있도록 돕는다. 불안이 오래도록 낫지 않고 반복된다면 반드시 근본적인 원인을 찾아 치료해야 한다.

적절한 불안과 지나친 불안

"요즘 불안이 심해져서 심장이 두근거리고 손도 떨립니다. 다른 사람들이랑 같이 있을 땐 괜찮아지는 것 같다가도 혼자 있으면 불안하고 떨리는 증상이 생깁니다. 온갖 생각이 머릿속을 맴돌고 생각을 하고 싶지 않은데 꼬리에 꼬리를 물고 이어집니다. 주로 부정적인 생각과 걱정을 많이 합니다. 뭔가 안 좋은 일이 생길 것 같고, 우리 가족이 잘못될 것 같고, 큰 사고가 날 것 같고……. 지나고 보면 쓸데없는 걱정인 줄 알면서도 생각이 사라지지 않습니다. 특히 자려고 누우면 계속되는 생각과 걱정 때문에 잠도 잘 못 잡니다. 그러다 보니 다음날 생활도 잘 안 되고, 매일 피곤합니다. 처음에는 별거 아니라고 생각했고, 증상도 심하지 않았는데 두근거림, 손 떨림도 점점 심해지는 것 같고 내 몸에 이상이 있는 건 아닌지 건강염려증까지 생긴 것 같습니다. 그러면서도 이 정도 불안은 시간이 지나면 나아지지 않을까 하는 생각도 들고, 치료를 받을 정도는 아니라는 생각도 드는데…… 저 불안장애가 맞나요?"

실제로 많은 사람들이 불안장애를 갖고 있음에도 불구하고 병원까지 찾아가는 경우는 많지 않다. '다 이 정도 불안감은 갖고 살아가겠지', '이 정도 불안하지 않은 사람이 어디 있어' 하면서 병원 가기를 미룬다. 그러면서 스스로 불안감을 통제해보면서 애써 다른 생각을 해보기도 하고 여러 활동을 하며 잊어버리려고도 한다. 하지만 증상은 쉽게 해소되지 않는다. 결국 불안을 더 키운 채로 병원을 찾게 된다. 불안장애는 적절한 때 치료를 받지 않으면 정도가 더욱 커지고 우울 등 다른 증상을 동반하게 된다.

불안을 느끼지 않고 살아가는 사람은 없다. 오히려 불안하지 않다고 말하는 사람은 겁 없이 행동하는 경향이 있어 안전에 취약하고 사건, 사고를 많이 겪게 된다. 적절한 불안은 우리에게 반드시 필요하다. 다음날 중요한 시험이 있을 때 시험을 잘 보지 못할까 봐 불안해지는 것은 우리가 더 열심히 공부를 하게 만들고 결국 좋은 성적을 거두게 한다. 운전을 할 때 사고가 날까 봐 불안한 마음은 교통 수칙을 잘 지키고 주변을 살펴 사고를 막아준다. 또한 미래에 대한 불안한 마음은 미래를 대비하고 준비하게 된다. 이 모든 것은 정상적 반응이며 이때의 불안감은 우리의 생존 확률을 높이는 중요한 감정이다.

그러나 불안감이 지속적이거나 일상생활을 방해할 정도로

극심하다면 문제가 된다. 이 경우 반드시 전문가를 찾아 도움을 받아야 한다. 공황장애나 사회공포증, 강박장애와 같이 증상이 뚜렷하고 확실한 경우에는 스스로 병임을 인식하고 병원을 찾는 비율이 높지만 범불안장애의 경우는 정상적인 불안감과 구분이 쉽지 않기 때문에 병이라고 자각하지 못하거나 이를 부인하며 병을 키우는 경우가 많다. 그렇다면 단순한 불안감과 불안장애의 차이는 무엇일까?

불안장애를 진단할 때 중요한 것은 불안의 지속성과 빈도이다. 일상 활동에 대한 과도한 불안과 걱정이 6개월 이상 지속되며 불안이 나타나는 날이 그렇지 않은 날보다 더 많다면 불안장애다. 이 경우 불안을 조절하기가 어려우며 안절부절못하거나 긴장되고 초조하며 신경이 곤두선 느낌, 피로감, 집중력 저하와 멍한 느낌, 짜증, 근육 긴장, 수면 장애 등이 동반된다. 또한 과도한 걱정과 불안으로 학교나 직장에서의 생활이 방해를 받고 사회적, 직업적으로 정상적 기능을 수행하지 못해 고통을 받게 된다.

더 자세한 상담과 검사를 통해 결정되어야 하지만, 앞의 사례자는 불안장애에 해당할 확률이 높다. 이 정도의 증상이 나타나면 하루빨리 병원에 내원하여 불안장애에 대한 치료를 받아야 한다.

바다 밖으로 나와 파도를 바라보기

 예능 프로그램의 단골 소재가 있다. 안이 보이지 않는 상자 속에 물체를 넣어두고 손을 넣어 그 물체가 무엇인지 맞히는 것이다. 앞에서는 보일 수 있도록 뚫어 놓아 시청자들과 다른 패널들은 물체가 어떤 건지 알 수 있다. 하지만 손을 집어넣는 당사자는 그 물체가 살아 있는 생물인지, 단순한 물건인지, 어떤 감촉이 느껴질지, 혹시 살아 있다면 내 손을 물진 않을지 온갖 상상을 하게 된다. 대부분 불안해하고 무서워하며 손을 집어넣는다. 이렇게 불안을 느끼는 이유는 그 물체가 보이지 않기 때문이다. 정체를 모르니 불안이 커진다.

 일상에서 다양하게 불안을 느끼는 이유도 정체를 모르기 때문이다. 생각보다 많은 사람들이 어떨 때 내가 불안을 느끼는지, 왜 느끼는지, 언제 심해지는지, 불안은 어떤 모습으로 오는지 잘 모른다. 심지어 불안을 느끼고 있다는 사실조차 인지하지 못할 때가 많다. 괴롭고 고통스럽지만 그 정체가 무엇인지 모르는 것이다.

자신의 정서를 알아차리는 능력을 정서인식명확성이라 한다. 정서인식명확성이 높으면 자기의 감정을 잘 알아차리고 조절할 수 있기 때문에 불안도가 낮고 일상생활의 변수에 유연한 대처 능력을 보인다. 우울하고 불안한 사람들은 이 정서인식명확성이 낮은 경우가 많다. 이런 사람들은 자기 스스로 정서를 인식하지 못하여 감정 표현을 잘 하지 못하고 일상에서의 스트레스도 높다. 어떤 불쾌함이 있는 것 같은데, 이게 우울인지, 불안인지, 화가 나는 건지 모르겠고 대체 왜 이런 불쾌감이 드는 건지도 잘 모르는 채로 살아간다.

최근 내원한 20대 남자 환자는 불안함이 있는 것 같은데 치료받을 정도는 아니라고 생각해서 오랫동안 그냥 지내다가 최근 몸도 안 좋고 불안도 커지는 것 같아서 내원했다고 했다. 본인은 별로 심하지는 않을 것이라고 했지만 우울척도, 불안척도 검사에서 모두 상당히 높은 수치가 나왔고 자율신경의 균형도 깨져 있고 스트레스도 높았으며 스트레스에 대한 저항력도 심하게 저하된 상태였다.

상담 치료가 필요할 것 같아 조금 더 이야기를 나눴다. 과거의 사건, 일어났던 일, 현재 하는 일 등에 대해서는 술술 이야기하다가 그 사건을 겪으며 느꼈던 마음, 현재의 감정에 대해 조금 더 깊이 묻자 연신 '모르겠다'는 말만 내뱉었다. 내 감정에 대해 잘 모르겠고, 나 자신에 대해서도 모르겠다고 했다. 이 환자는 자신이 느끼는 감정이 무엇인지도 모른 채 망망대해에

홀로 떠서 오롯이 불안과 우울에 휩쓸리며 살아온 것이다.

정서인식명확성이 낮은 이유는 대체로 오랜 시간 감정을 억누르거나 회피해 왔기 때문이다. 아주 어렸을 때부터 본인의 부정적인 감정을 표현했을 때 받아들여지지 않았거나, 부정적인 결과로 이어졌을 때 더 이상 부정적 감정을 느끼지 않으려고 부정적 감정을 애써 누르거나 다른 생각이나 행동으로 회피를 한다. 반대로 긍정적인 감정은 일부러 느끼려 노력한다. 힘들고 어렵고 속상한 일이 있어도 애써 웃으려 한다거나, 에너지를 끌어올려 좋게 생각하려 한다. 이런 방식이 오랫동안 지속되면 내가 어떤 감정을 느끼고 있는 것인지 혼란스러워지고 모든 것이 불확실한 상태에 머물게 된다. 자연스러운 감정을 받아주지 않았기 때문에 자연스럽게 화가 나는 상황에서 화를 내지 못하고 주저하게 된다거나 억울한 일이 있어도 표현하지 못하고 합리화하게 된다. 결국에는 감정뿐 아니라 더 나아가 '나'에 대한 인식까지 흔들리게 된다. 그러니 불안과 우울은 더 악화될 수밖에 없다.

감정에 압도당하면 감정을 조절할 수 없게 되어 불안과 우울한 감정뿐 아니라 두근거림, 떨림, 두통, 흉통, 소화불량, 잦은 설사 등 몸의 증상이 나타나게 된다. 또한 상황을 객관적으로 인지하지 못하기 때문에 '왜 나만 이렇게 불안해야 하지?' '나에게는 왜 이렇게 안 좋은 일만 일어나는 거지?'와 같은 비합리적이고 부정적인 생각에 빠지게 된다. 결국엔 나 자신과 타인, 세상에 대한 부정적이고 비판적인 생각이 온통 머릿속을 채우게 되고 갈수록 일상생활이 어려워진다.

　부정적인 정서를 느끼는 것은 당장은 힘들지만 자연스러운 일이며, 우리 삶에 꼭 필요한 소중한 감정이니 충분히 느껴주는 것이 좋다. 계속 반복해서 말하지만 불안과 우울은 일상에서 누구나 겪을 수 있으며 이것을 통해 삶이 다채로워지기도 한다. 그러니 그 모든 감정들이 자연스럽게 올라올 수 있도록 허락해주자. 그리고 감정이 올라왔을 때 그것을 알아차리는 연습을 해보자. 불쾌한 감정이나 감각, 생각이 올라왔을 때 한발짝 떨어져서 이것을 지켜보자. 마치 감정이 나와 분리된다고 생각해도 좋다. 제 3자가 바라보듯 어떤 감정이 느껴지는지, 어떤 감각이 느껴지는지 알아차리고 천천히 지켜본다. 이것을 마음챙김 명상, Mindfulness라고 한다. 이것을 반복하면 모호했던 감정과 생각들이 점차 또렷해진다. 그리고 전에는 이런 감정들이 나를 잠식했다면 이제는 내가 그 감정들을 조절할 수 있게 된다. 알아차리는 것이 어렵다면 감정과 감각에 이름을 붙여보는 것도 좋다. 심장이 두근거리는 불쾌한 감각이 느껴진다면 '지금 심장이 두근거리네. 조금 불안한 마음도 느껴지네'라고 말로 표현해본다.

　로스앤젤레스의 캘리포니아 대학UCLA의 정신과 교수 댄 시겔Dan Siegel 박사는 이를 '다스리기 위해 이름 붙이기Name it to tame it'라 표현했다. 이때 중요한 것은 이 모든 행위를 할 때 판단하고 평가하지 않는 것이다. '이 감정은 나쁘기 때문에 빨리 없애야 돼'라거나 '지금 내가 잘하고 있나' 하는 생각은 별로 도움이 되지 않는다. 그저 있는 그대로의 감정과 생각, 감각을 알아차리고 가만히 지켜보는 것이 좋다. 마음챙김에 대해서는 뒤의 파트에 조금 더 자세히 설명할 것이다.

내가 환자들에게 자주 하는 비유가 있다. 불안함이 엄습하는 것은 거센 파도 속에 들어가 있는 것과 같다. 파도가 치면 거기에 따라 내가 함께 요동친다. 일상생활을 하다가 갑자기 불안해지면 어찌할 바를 모르고 파도에 휩쓸려 다닌다. 내가 파도를 결코 컨트롤 할 수 없기 때문에 죽을 것 같고, 두려워진다. 파도 안에 있으니, 파도가 어떻게 치는지 어디서부터 왔는지, 파도의 세기는 어떤지 보이지 않는다. 그때 천천히 헤엄쳐 바다 밖으로 나오면 그제야 파도가 보인다. 파도의 수위는 어떤지, 어디로부터 와서 어디로 가는지, 물결의 모양은 어떤지 가만히 볼 수 있다. 그러다 보면 거센 파도는 점점 잠잠해진다. 바다 안에 있으면 영영 그 안에서 갈피를 잡지 못하고 내 의지가 아닌 파도에 따라 휘둘리는 삶을 살게 되지만 바다 밖에서는 다르다. 바다 밖으로 걸어 나올 수 있게 조금의 용기만 내보자. 거세기만 한 줄 알았던 파도는 아름다운 빛을 내며 흘러가고 있을 것이다.

―― 마음처방전 ――
사상체질, 어떤 체질이 불안에 취약할까?

사상체질은 조선 시대 말기, 동무 이제마가 성정의 편차와 장부의 대소에 따라 사람을 태양인, 태음인, 소양인, 소음인의 4가지로 구분한 이론이다. 이제마는 체질에 따라 체격과 생김새, 장부의 허실, 성격, 기질뿐 아니라 생리 현상, 병리 현상, 질병의 예방법과 치료법까지 달라진다고 보았다. 한의학은 심, 즉 마음이 몸에 미치는 영향을 강조하였는데, 그중에서도 사상체질의학은 특히 심리적 건강을 더욱 강조하고 중요시 여긴 분과라고 할 수 있다. 체질은 본래 타고난 것으로 평생 변하지 않는다고 본다. 다만 사회적 관계나 환경적 요인 등에 따라 몸의 생리적, 병리적 상태는 다르게 나타날 수 있다.

체질을 알면 나의 신체적, 정서적 상태를 이해할 수 있다. 이 이해를 바탕으로 나의 부족한 점을 보완하고, 강점을 강화할 수 있다.

1. 소음인

소음인은 신대비소(신장기능 활발, 비장기능 부족)한 체질로 신장이

나 대장, 방광, 생식기 등 아래쪽 장부의 기능은 발달하였으나 위장 등 소화기의 기능이 떨어져 소화기 문제가 자주 나타날 수 있다. 상체보다 하체가 더 발달하였고 대체로 눈, 코, 입이 작고 오밀조밀하다. 성격은 조용하고 신중하며 밖으로 돌아다니기보다 집에 있는 것을 좋아한다. 앞에 나서는 것을 두려워하고 소극적이며 친한 사람들과만 주로 어울리는 특징이 있다.

2. 소양인

소양인은 비대신소(비장기능 활발, 신장기능 부족)하여 위장 기능은 좋으나 자궁, 전립선 등 생식기 기능에 문제가 잘 생길 수 있다. 하체보다 상체가 더 발달한 경우가 많으며 눈매가 날카롭고 턱이 뾰족한 편이며 표정이 밝다. 일처리 능력이 좋고 머리 회전이 빠르며 새로운 것을 빠르게 잘 받아들인다. 성격이 활발하고 외향적이며 집에 머무르는 경우보다 밖으로 나가기를 좋아한다.

3. 태음인

태음인은 간대폐소(간장기능 활발, 폐장기능 부족)하여 간 기능은 좋으나 호흡기, 피부에 문제가 잘 발생할 수 있다. 풍채가 있는 경우가 많고 이목구비가 크고 뚜렷하다. 땀이 많아 조금만 움직여도 얼굴이나 가슴 부분으로 땀이 잘 난다. 한 가지 일을 꾸준하게 하는 일관성이 있어 한 번 맡은 일은 책임감을 가지고 끝까지 이룬다. 자신의 것을 지키고자 하는 마음이 강하고 밖으로 잘 풀어내지 않는다.

4. 태양인

태양인은 폐대간소(폐장기능 활발, 간장기능 부족)하여 폐 기능은 좋으나 간 기능, 척추나 하체가 쉽게 약해질 수 있다. 머리가 크고 가슴에 비해 허리와 하체가 빈약한 특성이 있다. 태양인은 눈빛에 광채가 있고 과감하며 옳다고 생각하는 것을 밀고 나간다. 진취적이고 소극적인 것을 싫어하며 인간관계에 있어서도 적극적이다. 그러나 불의한 것을 보았을 때 화를 참지 못하고 쉽게 분노한다. 태양인은 인구의 1% 정도로 매우 희박하다.

체질별 불안한 마음 다스리기

소음인은 소양인, 태음인에 비해 정서의 변화가 더 민감하고 쉽게 긴장하는 체질로 불안에 취약할 수 있다. 하지만 불안장애는 모든 체질에서 나타날 수 있다. 각 체질에 따른 불안을 다스리는 방법을 알아보자.

1. 소음인의 불안한 마음 다스리기

소음인은 새로운 것에 대한 두려움이 많아 모험을 즐기지 않고, 익숙한 것을 선호하는 편이다. 사람이 많은 환경보다 소수의 모임을 즐기며 발표를 하는 상황이나 주목받을 때 다른 체질에 비해 더 불안해하고 긴장하는 경향이 있다. 하지만 무조건 상황을 회피하는 것은 불안을 더욱 키울 수 있으니 작은 것부터 하나씩 용기를 갖고 새로운 일에 도전해볼 것을 권한다. 처음에는 낯설고 어려워 불안했던 일일지라도 계속 도전해서 점차 익숙해지면 불안은 서서히 자취를 감출 것이다.

2. 소양인의 불안한 마음 다스리기

　소양인은 사회에서 자신의 뜻을 펼치고 인정받고자 하는 욕심이 많다. 적극적이고 도전의식이 있으나, 원하는 바를 이루지 못하거나 그로 인해 인정받지 못할 것에 대한 두려움 때문에 불안이 나타날 수 있다. 또한 먼저 저지르고 보는 충동성이 높아 일을 먼저 시작하고 나서 수습하는 과정에서 불안감을 느낄 수 있다. 소양인은 일을 완벽하게 처리하고자 하는 욕심을 내려놓고 다른 사람에 대한 인정을 찾으려하기보다 본인 자신과 일 자체에 더욱 집중하는 것이 불안을 낮추는 데 도움이 된다.

3. 태음인의 불안한 마음 다스리기

　태음인은 무던하고 평소 스트레스를 잘 받지 않는 편이지만 감정을 잘 드러내지 않고 혼자서 삭이는 특성이 있다. 그래서 스트레스 상황에서도 자신의 감정을 잘 알아차리지 못한다. 그러다가 공황장애나 신체화 증상으로 한 번에 표출되는 경우가 많다. 또 호흡기가 약하기 때문에 숨이 잘 쉬어지지 않거나, 답답함을 잘 느낄 수 있다. 그래서 태음인은 평소 본인의 감정을 알아차리는 연습을 하고 가까운 지인들에게부터 감정을 표현하는 연습을 하는 것이 도움이 될 수 있다.

4. 태양인의 불안한 마음 다스리기

 태양인은 성격이 급하고 화를 잘 내는 경향이 있다. 사회생활을 할 때 무턱대고 화를 내는 성격이 환영받기는 어렵다. 이 때문에 인간관계가 어려워지는 경우가 있으며 이에 따라 불안감을 느낄 수 있다. 태양인은 자신이 어떤 이유로 화를 내게 되는지를 성찰하고 돌아볼 필요가 있다. 또한 화를 내기 전 화가 나는 감정을 알아차리고 잠시 호흡 명상을 하는 것도 도움이 된다.

있는 그대로 나를 받아들이기

불안감을 가지고 병원을 찾는 사람들은 마음이 급하다. 불안을 빨리 없애고 싶고, 불안한 감정을 더 이상 느끼고 싶지 않아한다. 당장 불안함을 없앨 수 있다면 무슨 방법이라도 해볼 수 있을 것 같다. 하지만 이러한 마음으로는 불안감을 결코 없앨 수 없다. 오히려 불안을 회피하고 없애려 할수록 강도는 더 세져서 나를 압도하게 된다.

불안을 가장 빨리 없앨 수 있는 방법은 아이러니하게도 불안을 받아들이는 것이다. 또 불안한 나를 인정하고 수용하는 태도를 갖는 것이다. '불안하면 안 돼, 불안한 나는 싫어'에서 '불안할 수 있지. 불안한 나도 괜찮은 나야' 하는 수용적 태도가 필요하다.

나는 불안과 우울을 겪으며, 꽤 오랫동안 심리학과 마음, 정신에 대해 공부했다. 불안과 우울이 왜 생기고, 어떻게 치료해야 하는지 절박하게 알고 싶었다. 나를 스스로 치료하기 위해

보낸 긴 시간을 통해 불안과 우울은 선천적 기질, 과거의 나의 경험으로부터 오는 것임을 알게 되었다. 나는 기질적으로 안정을 추구하는 위험회피형 인간이다. 애정욕구가 높아 완벽을 추구하면서 타인의 인정을 받으려 했고, 이 때문에 쉽게 불안해졌었다. 또한 내가 겪은 과거의 사건과 경험들이 현재의 우울과 불안을 만들었다는 사실도 알게 되었다. 이렇게 나에 대해 알게 되고 나서 불안과 우울이 많이 사그라들었지만 사실 완전히 없어지지는 않았다. 많은 지식을 쌓았지만 나는 여전히 불안했고, 우울했다.

불안과 우울에서 정말로 벗어나기 시작한 때는 '수용'을 접하면서부터였다. 불안은 나쁜 감정이기 때문에 빨리 없애버려야 한다고만 생각하고 공부해 왔는데, 정반대의 태도에 길이 있었다. 수용을 접하고 나서 나는 불안이든, 우울이든, 화가 나든, 잘하든, 잘 못하든 판단과 평가를 하지 않고 모든 것을 포용하고 인정해보려고 노력하기 시작했다. 처음에는 이 개념이 익숙하지 않았고, 이전까지의 습관들 때문에 적용이 쉽지 않았다. 불안감이 올라오면 곧바로 싫다는 마음이 함께 올라와 수용을 방해했다. 하지만 그 마음까지 받아주려 노력하자 점차 불안이 잠잠해지는 것을 느낄 수 있었다.

행동주의 심리 치료에는 인지행동치료와 수용전념치료가 있다. 인지행동치료는 수용전념치료보다 먼저 등장한 치료법으로 부정적이고 파괴적인 생각을 인식하고 분별하여 바꾸도록 하는 치료법이다. 곧 어떤 특정 상황에서 일어나는 무의식적이고 자동적인 사고가 인지적 오류를 만들며 이것이 곧 부정적인 감정으로 이어진다고 보고, 이 생각을 합리적인 생각으로 바꿔주는 방법이다. 예를 들면 발표를 하는 자리에서 청중 몇 사람이 귓속말을 하는 것을 보았을 때, 자동적으로 "내 발표를 비웃는 거야. 내 발표가 별로라고 이야기하겠지."라는 생각이 들면 이 생각은 우울감 등의 부정적 감정을 만들게 된다. 이때의 비합리적인 생각을 "저 사람들은 내 발표와 상관없이 할 말이 있었던 거야. 만약 나를 비웃었다고 해도 그건 저 사람들 개인의 생각일 뿐이야."라는 합리적인 생각으로 교정한다. 인지행동치료는 이렇게 '이성적 사고'를 사용하는 방법이다. 전두엽을 깨워 왜곡된 생각으로부터 빠져나와 조금 더 현실적이고 사실적인 사고를 하게 만든다.

수용전념치료는 이에 비해 '감정'을 건드리는 방법이다. 수용전념치료의 수용은 어떤 것도 변화시키려 하지 않고 떠오르는 생각과 감정, 그리고 나에게 기쁨을 주거나 아픔을 주는 그 모든 상황을 기꺼이 받아들이는 것이다. 이전까지는 결코 받아들여질 수 없다고 생각했던 아프고 다쳐서 상처난 마음을 끌어안아주는 것이다. 그래서 수용전념치료에서 중요한 개념이 '자기자비 Self-Compassion'이다. '자비 Compassion'란 다른 사람의 고통에 공감하고, 타인의 아픔을 외면하지 않는 타인에 대한 친절함을 바탕으로 한 감정이다. '자기자비'는 이러한 자비를 자신에게 적용하는 것으로, 나 자신은 부족하고 완벽하지 않은 존재이지만 실수하고 나약한 자신을 존재 자체로 존중해주며 궁휼한 마음으로 바라보는 것이다. 자기자비의 마음은 자신을 어떤 조건에 의해 사랑하는 것이 아니라 존재 자체로 받아들이게 한다. 이 마음을 갖게 되면 공부를 잘하든 못하든, 일을 잘하든 못하든, 얼굴이 예쁘든 그렇지 않든, 뚱뚱하든 말랐든, 착하든 못됐든 그 모든 조건들이 중요하지 않게 된다. 오히려 이것들로부터 벗어나 진짜 나 자신의 아름답고 빛나는 가치를 발견하게 된다.

한의학에는 '부정거사'라는 치료법이 있다. 정기를 북돋아 사기를 내보낸다는 개념이다. 풀어서 설명하면 병이 생겼을 때 그 병을 직접 제거하지 않고 우리 몸의 면역력, 자연치유력을 높이면 병은 알아서 물러가고, 부작용 없이 더욱 건강하게 치료가 된다는 말이다. 불안과 우울이 지나쳐 우리를 괴롭힌다면 '부정거사'를 떠올려보자. 불안과 우울을 나쁜 악당이라고 생각하기보다 내 마음의 근육을 키워 그것을 수용하게 되면 불안과 우울은 알아서 자취를 감추게 된다.

수용을 연습할 때 먼저 내가 '통제할 수 있는 것'과 '통제할 수 없는 것'을 구분하는 연습을 해보자. 세상에는 내가 노력해서 바꿀 수 있는 것도 있지만 내 마음대로 되지 않는 것이 훨씬 많다. 불안은 내 통제를 벗어난 일들을 억지로 통제하려고 할 때 나타난다. 어떤 일을 하기 전에 불안감이 올라올 때 이것이 내 행위로 바꿀 수 있는 것인지 그렇지 않은 것인지를 생각해보고 만약 내 통제를 벗어난 일이라며 그냥 받아들인다. 예를 들면 발표를 앞두고 잘할 수 있을까? 망치면 어떡하지? 하는 걱정이 들 때, 내가 통제할 수 있는 것은 발표 준비를 열심히 하는 것이다. 최선을 다해 준비해 실수를 줄이도록 한다. 그런데 통제할 수 없는 부분은 무엇인가? 발표에 대한 평가와 사람들의 반응이다. 이것은 내가 관여할 부분이 아니다. 최선을 다해 준비하되 평가와 반응은 덤덤히 받아들이도록 한다. 점수가 나쁘다면 다음에 더 열심히 해보면 될 일이다. 사람들의 반응이 시원치 않다면 그대로 받아들이고 개선점을 찾아보면 된다.

너무나 많은 세상의 조건과 기준 앞에 나 자신을 있는 그대로 받아들이기가 쉽지는 않다. 하지만 모든 감정들이 그러하듯 나 또한 존재만으로 가치 있는 사람이다. 다채로운 감정들은 나의 삶을 더욱 풍요롭게 만들고, 다양한 사람들은 이 세상을 풍성하게 채운다. 나는 너와 다르고, 우리는 모두 각자 빛나는 존재들이다. 이 빛을 스스로 가리지 않도록, 내가 더욱 반짝반짝 빛나도록 세상의 조건과 기준이라는 갑옷을 벗어보자.

마음도 전문가에게 PT를 받아보자

한의대를 다니며 불안과 우울이 찾아왔을 때, 나는 스스로 이 병을 치료해보리라 마음먹었다. 한의학으로 정신 질환이 치료가 될 것인지 궁금했고 자신의 병도 못 고치는 의사가 어떻게 의사라 할 수 있겠나 하는 오기도 있었다. 한방신경정신과 책을 보고 여러 논문들을 찾아가며 한약을 복용하기 시작했다. 당시 나는 불안, 우울과 함께 부정맥, 과민대장증후군, 알레르기 비염 등 다양한 신체 증상을 함께 갖고 있었다. 그러다 보니 삶의 질이 매우 나빴다. 한의대의 많은 수업량과 학습량도 버거웠고, 시험 스트레스, 인간관계 스트레스 등의 문제들은 나를 더욱 힘들게 했다. 학교를 다녀오면 침대에 뻗어 있는 것이 일상이었다.

한약을 꾸준히 복용하고 나서 먼저 비염과 과민대장증후군이 좋아지기 시작했다. 컨디션과 체력이 개선되니 운동을 하고 공부를 할 힘이 생겼다. 완전히 사라진 것은 아니었지만 어딘가 모르게 막혀 있는 것 같은 답답함도 사라지고 불안감도 호전이 되었다. 이렇게 한약으로 건강한 몸을 만들어 마음까지 건강하게 만들 수 있다는 확신을 가질 수 있었다.

침치료에 대한 확신은 다른 한의사 원장님 덕분에 얻게 되었다. 정말 우연히 길을 지나다가 정신과 한의원을 보게 되었고, 한참을 망설이다 문을 열고 들어갔다. 내 이야기를 쭉 들은 원장님은 침치료를 받고 가라고 했고, 침을 맞으며 호흡법을 병행했다. 치료 후에는 놀랍게도 마음이 편안해졌다. 침치료의 효과를 처음 알게 된 것이 이때이다.

나는 한의대생으로 전문적 의학 지식을 배울 수 있는 기회가 있어 스스로 치료한다는 것이 가능했다. 그럼에도 불구하고 침치료는 훨씬 전문가였던 선배 한의사 원장님을 만나서야 겨우 처음 받아보고 치료의 효과를 볼 수 있었다. 이 글을 읽는 독자들도 혼자서 병을 키우지 말고 전문가를 찾아가라고 말하고 싶다. 최근에는 정신건강의학과의 문턱이 낮아져 많은 사람들이 정신 질환에 대해 스스럼없이 이야기를 하고 병원을 찾아 치료를 받는 분위기가 되었지만, 여전히 치료받기를 꺼리는 경우가 많다. 몸의 병과 다르게 마음의 병은 눈으로 잘 보이지 않기 때문에 병이라고 인식하지 못하는 경우도 많다. 하지만 마음의 병은 결코 가볍지 않으며 방치하는 경우 치료가 더 오래 걸리고 어려워질 수 있다. 마음이 힘들고 불안하거나 우울한 감정이 자주 찾아온다면 반드시 전문가의 도움을 요청해야 한다. 정신건강의학과, 한의원, 심리상담센터 등 어느 곳이든 좋다. 일단 문을 두드리면 치료의 장이 열릴 것이다.

  통증 치료를 위해 한의원을 찾는 환자들도 맥진을 해보면 마음이 병들어 있는 경우가 많다. 현재 상태에 대해 설명을 해주고 치료가 필요하다고 이야기하면 의외로 "다 이러고 사는 거 아니에요?", "이 정도는 다 힘들지 않나요?"라는 반응들이 많다. 참는 것이 미덕이라 여기는 문화의 영향도 있을 것이고, 먹고사는 게 바빠 치료받을 여유가 없는 경우도 있을 것이다.

  하지만 눈에 보이지 않는다고 해서 중요하지 않은 것은 아니다. 오히려 눈에 보이지 않는 것들이 중요할 때가 더 많다. 마음의 병도 마찬가지이다. 불안장애를 치료하지 않고 방치하는 경우 병이 만성화될 수 있으며 우울증이나 다른 신체적 증상을 동반할 수 있다.

  지금은 블로그나 유튜브 등 다양한 매체를 통해 직접 병에 대해 찾아보고 자가진단을 하는 경우가 많다. 그래서 스스로 판단하고 병원을 가지 않는다. 하지만 일반인이 신뢰도 있는 정보를 분별하기는 결코 쉽지 않다. 잘못된 정보를 믿어 병을 오히려 악화시킬 수도 있다. 따라서 여러 지식과 정보들을 통합해 진단을 내리며 치료하는 전문가를 찾아 신뢰성 있는 치료를 받아야 한다.

  그럼에도 불구하고 의사나 상담가, 약물에만 전적으로 의지하지 않도록 주의해야 하기도 한다. 정신건강의학과에 가서 약을 먹는 것은 아플 때 진통제를 먹듯 현재의 고통이 극심하기 때문에 급한 불을 끄고 증상을 억제시키는 것이다. 상담 치료의 현장도 마찬가지이다. 일주일에 한 번씩 가서 마음이 편안해짐을 경험하면서 상담가에게 의존하게 되는 경우도 있다. 하지만 불안장애는 그런 방식으로 치료되지 않는다.

신체의 근육을 단련할 때 처음에는 운동하는 방법을 모르기 때문에 PTPersonal Training를 받는다. 스쿼트를 할 때 다리는 어느 정도로 벌려야 하는지, 각도는 어떻게 해야 하는지, 어느 정도로 앉아야 하는지, 왜 무릎이 나오면 안 되는지 코치를 받는다. 이런 과정이 없다면 오히려 잘못된 자세로 운동을 하다가 다치거나 중도 포기하는 일이 생긴다. PT를 받은 후에는 스스로 운동을 꾸준히 해야 근력이 유지된다. PT를 받는 것도 중요하지만 반드시 스스로 운동하는 시간이 필요하다. 결국 이 과정을 통해 몸의 근육이 단련된다.

불안과 같은 마음의 질환을 치료하는 것도 이와 같다. 내 마음의 상태를 진단하고 치료의 과정을 도와줄 전문가를 찾아 마음의 근육을 단련하는 PT를 받는 것이다. 내 마음 근육 중 어디가 부실하고, 어디를 단련해야 하고, 어떤 방법으로 해야 하는지 코치를 받아야 한다. 이후에는 일상에서 코치 받은 대로 연습Practicing하는 과정이 필요하다. 약물과 치료자의 도움을 받아 증상이 어느 정도 개선됐다면 그 이후에는 배운 대로 일상을 살아내는 연습을 해야 한다. 그러다 근육이 아프거나 단련하는 방법을 모를 때 다시 치료자를 찾아 코치를 받는다. 이 과정을 반복하면 반드시 불안장애는 좋아질 수 있다.

불안을 단순히 내가 예민해서, 내 성격이 소심해서 라고 생각하며 방치하지 않아야 한다. 일상에서 끊임없이 나를 괴롭히는 불안은 이미 병적인 상태가 되었을 확률이 높다. 반드시 전문가를 찾아 내 상태를 진단받고 적절한 치료를 받길 권한다.

불안을 잠재우는 비법의 약재들

 최근에는 불안, 우울 등 마음의 병 치료를 위해 한의원, 한방 신경정신과를 찾는 환자들이 점차 늘고 있는 추세다. 하지만 여전히 많은 사람들이 '과연 한의원에서 마음의 병을 치료할 수 있을까?' 또는 '도대체 한의원에서 어떤 치료를 하는 것일까?'라며 궁금해한다. 그 궁금증을 지금부터 풀어 보고자 한다.
 한의원에서 마음의 병을 치료하는 대표적인 방법은 한약치료다. 최근 공황장애 치료를 위해 한의원을 찾았던 환자가 기억에 남는다. 환자는 게임회사에서 개발자로 일하고 있는데, 최근 업무량이 늘어나면서 공황 발작 증상이 몇 차례나 나타나 한의원을 찾게 되었다고 했다. 증상이 나타난 지 얼마 되지 않았고 기존에 정신과 질환을 앓았던 내력이 없다는 것을 파악하고 침치료와 함께 한 달간 한약을 처방했다. 한약 복용 한 달 뒤 그는 나에게 "한의학 치료는 몸의 밸런스를 맞춰주는 느낌이었고, 몸 전체가 건강해지는 것 같았습니다."라며 고마움을 표현했다. 물론 증상이 나타난 지 얼마 되지 않아 치료가 잘된 점도 있지만, 한약이 이처럼 몸 전체의 균형을 맞추어 병을 치료한다는 것은 약을 먹는 환자가 가장 잘 느낀다는 걸 확인하며 큰 보람을 느꼈던 케이스였다.

그러면 이런 경우 도대체 어떤 약재가 들어가길래 불안장애가 치료된 걸까? 불안장애를 치료하는 대표적인 약재 몇 가지를 소개해 보려고 한다.

먼저 간의 울체를 풀어주는 대표적인 약재인 시호다. 한의학에서 말하는 간은 실제적인 장기가 하는 역할뿐 아니라 더 넓은 의미를 포괄한다. 그중 하나가 '소설' 작용으로 기를 흩어주고 널리 퍼지게 한다는 의미이다. 만약 간의 소설 기능이 제대로 되지 않고 있다면 기가 울체되어서 불안과 우울 등의 문제가 나타나는 것으로 본다. 시호는 이러한 기의 울체 상황을 해소시킨다. 더불어 시호는 염증을 제거하는 효과가 뛰어나므로 만성 스트레스로 인한 염증을 동반한 환자일 경우 더욱 효과적이라고 할 수 있다.

두 번째로는 황련이다. 황련은 차가운 성질을 갖고 있어 심장의 화를 꺼주는 효능이 뛰어나다. 불안의 원인으로 심화가 끼어 있는 경우가 많다. 이 상태를 교감신경의 항진이라고 볼 수도 있다. 쉽게 화가 나거나 흥분하고 가슴이 답답하거나 두근거리는 증상이 나타날 수 있다. 황련은 심장의 화를 내려주기 때문에 불안 증상뿐 아니라 '위로 치받는 기'로 인한 머리와 얼굴 쪽의 다양한 증상들도 함께 좋아지게 할 수 있다.

치자 역시 심장에 작용을 하는 약재이다. 황련과 차이가 있다면 황련은 쉽게 화를 내고 교감신경이 항진된 사람에게 적합한 약재라면 치자는 억울감이 있거나 가슴에 한이 맺혀 있는 경우에 더 적합하다고 할 수 있다. 참고로 이렇게 한이 맺힌 상태를 '심번오뇌'라고 한다. 치자는 화를 제때 내지 못해 울열이 가슴에 쌓여서 나타나는 답답함과 어찌할 바 모르는 느낌을 해소해준다.

복령은 '안심'이라 하여 마음을 편안하게 해주는 효능이 있다. 주로 심장 기능이 약해 소심하고 감정 표현을 하는 데 서툴며 쉽게 예민해지는 환자들에게 효과가 좋다. 복령은 심장의 기운을 강화시키며 동시에 소화기를 편안하게 만들어준다. 약의 성질이 온화하기 때문에 다른 약재들에 비해 부작용이 적고 무난하게 쓸 수 있는 약재이다.

한의원에서는 이 기본 약재들을 바탕으로 개별 환자에게 맞는 보조 약재를 배합해 탕약을 달여 내게 된다. 대표적인 처방으로는 시호소간산, 복령보심탕, 단치소요산, 소함흉탕, 귀비탕 등이 있다. 시호소간산은 앞서 설명한 시호가 주된 약재로 들어간 처방으로 스트레스, 즉 기의 울체로 인한 불안, 우울과 함께 두통, 소화불량, 복부팽만, 생리통 등에 활용된다. 복령보심탕은 심장 기능이 허한 것을 보하여 두근거림, 신경 쇠약 등을 치료한다. 단치소요산은 주로 갱년기에 호르몬 변화로 인해 나타나는 상열감, 심계, 불안, 불면을 치료한다. 소함흉탕은 황련이 주된 약재로 작용하여 심장의 화를 내리고 가슴이 두근거리며 답답한 증상을 치료한다. 귀비탕은 생각이 많거나 신경을 많이 써서 약해진 심장과 소화기의 기능을 함께 강화한다. 음식 생각이 없고 피로감을 잘 느끼며 기운이 없으면서 불안, 불면 등을 호소할 때 처방해볼 수 있다.

실제로 앞서 말한 공황장애 환자의 경우 기울의 증상이 명확하여 시호라는 약재를 중심으로 처방을 구성하였다. 불안감과 동시에 가슴이 답답한 증상을 보여 시호와 함께 가슴 답답함을 해소할 수 있는 여러 약재를 함께 배합해서 효과를 볼 수 있었다.

몸과 마음은 하나이므로 함께 살펴 균형 잡힌 치료를 해야 한다. 한약치료는 몸과 마음의 균형을 잡기에 더할 나위 없이 좋은 치료법이다. 몸의 기운이 막혀 있다면 이를 풀어주는 약을 사용하고 기가 울체되어 불필요한 습담이 쌓여 있다면 이를 해소하는 약을 사용한다. 또한 심장의 기운이 약하면 그 기운을 올려주는 처방을 하고 비장 등의 소화기의 기능이 약하면 그 기능을 보강하는 약을 사용하게 된다.

많은 사람들이 마음의 병을 치료하기 위해 한의원에 와서 불편했던 몸의 증상들도 함께 좋아지는 경험을 한다. 이명, 피부 질환, 생리통, 피로감 등이 함께 좋아지는 경험을 신기해하는 경우가 많지만 사실은 한약의 치료 원리상 당연한 것이다. 불안한 감정뿐 아니라 불편한 신체 증상이 동시에 개선되어 환자들은 크게 만족한다. 몸과 마음의 균형을 맞춰 진정한 건강을 찾을 수 있게 도와주는 한의학의 치료를 더 많은 사람들이 알고 경험하기를 바란다.

침치료는 뇌와 신경계를 조절한다

 침치료는 혈자리를 자극해 경락의 기능을 활성화하고 이를 통해 치료 작용을 나타내는 한의학의 전통 치료법이다. 여러 한의학 치료들이 현대에 들어와 과학적 연구로 검증되고 있는데, 특히 침치료의 효과와 그 원리에 대해서는 일찍부터 연구가 시작되어 현재는 제법 방대한 자료가 쌓여 있다. 침치료는 치료 부위의 국소 혈류 증가와 진통, 면역 반응뿐 아니라 전신 내분비계, 면역계, 신경계에 작용하여 인체 항상성을 조절하여 질병을 치료하는 효과를 보인다.

 한의학적 침치료의 원리는 '조기치신'이다. 이는 장부와 경락의 기의 불균형을 조절하고 기의 흐름을 원활하게 한다는 뜻이다. 인류 역사에서 침은 아픈 부위에 뾰족한 돌이나 짐승 뼈 같은 것으로 자극을 주었을 때 통증이 가라앉았던 경험으로부터 비롯되었다. 돌침은 금침으로 대체되었고 이후 발전하여 현재의 형태를 갖추게 되었다. 여기에 더해 인체의 특정 경로를 따라 기가 흐른다는 경락 이론이 확립되면서 침치료의 방법이 다양해지고 활용도가 더욱 높아지게 되었다.

그렇다면 이러한 침치료로 어떻게 불안장애와 같은 마음의 병을 치료하는지 알아보자. 아픈 부위에 직접 침을 놓아 국소적인 효과를 기대하기도 하지만, 전신에 작용하게 하여 심혈관계, 호흡기, 소화기, 내분비계 등에 영향을 줄 수도 있다. 특히 침치료는 뇌와 신경계를 조절하는 기능이 강해 뇌의 신경 회로를 바꾸기도 하고, 신경전달물질에 변화를 일으키기도 하며, 자율신경계를 조절할 수도 있다. 또한 전신의 기를 순환시켜 막힌 곳을 소통시켜 긴장된 몸의 근육을 이완시키는 치료 효과를 나타내기도 한다.

첫 번째로 침치료는 자율신경계의 불균형을 완화시킨다. 불안한 사람은 대체로 자율신경의 균형이 깨져 있으며 활성도도 저하되어 있다. 자율신경은 우리의 의식과 상관없이 스스로 체온, 호흡, 소화, 비뇨기, 심혈관계 등의 기능을 조절하는 인체의 항상성 시스템이다. 이 시스템은 교감신경과 부교감신경으로 이루어져 있는데, 교감신경은 스트레스를 받는 응급 상황에서 활성화되어 인체를 위기에 대처하게 하고 부교감신경은 편안한 상황에서 에너지를 유지하고 회복하는 기능을 담당한다. 이 교감신경과 부교감신경의 활성도가 높고 균형 상태이면 인체는 스트레스 상황에서 적절한 반응을 하며 소화, 배설 등에도 문제가 없이 건강을 영위하게 된다. 그러나 장기간의 정신적 스트레스와 과로에 시달리면 자율신경의 균형이 깨진다.

불균형 상태가 지속되면 활성도가 낮아져 자율신경계가 기능을 제대로 하지 못해 각종 신체 증상이 나타나며 스트레스 대처능력이 떨어지게 된다. 소화 기능 저하, 두통, 과민대장증후군, 두근거림, 생리통, 호흡부전, 어지러움, 안면홍조 등이 모두 자율신경실조의 증상이다. 침치료는 관련된 뇌 영역을 활성화시켜 자율신경계를 활성화하며 신경전달물질을 조절하여 교감신경과 부교감신경의 불균형으로 인한 증상을 완화한다.

두 번째로 침치료는 뇌의 신경전달물질을 조절하여 불안을 치료한다. 세로토닌, 도파민과 같은 뇌의 신경전달물질은 뇌에서 일정 농도로 존재하며 다양한 정서적 기능을 담당한다. 불안하고 우울한 사람은 이런 신경전달물질이 부족하거나 과잉되어 있음이 잘 알려져 있다. 침치료는 세로토닌, 엔돌핀 등과 같은 뇌의 신경전달물질을 조절한다. 이는 스트레스 상황에서 나타나는 여러 신체적, 정서적 불편감을 해소하며 불안과 우울을 감소시킨다.

세 번째로 침치료는 뇌의 신경활동과 뇌신경의 연결성을 강화한다. 기능적 자기공명영상fMRI ,Functional Magnetic Resonance Imaging의 개발로 침치료가 뇌에 어떤 부위에 영향을 끼치는지 확인이 가능해졌다. fMRI는 뇌의 특정 부위가 사용될 때 그 영역으로 가는 혈류가 증가한다는 사실을 이용해 뇌의 어느 부위가 활성화되었는지 측정하는 뇌의 촬영 기술이다. 2022년, 불안을 완화하는 데 자주 사용되는 혈자리인 '내관'혈에 침자극을 한 후 fMRI를 통해 뇌의 변화를 살펴본 연구가 발표

되었다. 침치료 전후 측두엽, 해마 등 불안과 관련된 뇌의 활성도와 기능적 연합성에 변화가 생겼다. 다른 fMRI 연구에서도 침치료가 감정과 인지 기능 변연계─신피질 네트워크에 영향을 미친다는 것을 밝혔다.

마지막으로 침 자극은 뇌유래신경영양인자BDNF, Brain-derived neurotrophic factor, 신경성장인자NGF, nerve growth factor와 같은 신경영양인자의 발현을 증진시켜 뇌 신경을 보호하고 신경조직발생Neurogenesis을 촉진한다. 불안장애와 우울증 환자에게서는 신경영양인자 수치가 낮아져 있으며 항불안, 항우울 치료 시 이 수치가 회복된다. 침치료 또한 이 수치를 증가시켜 새로운 신경의 발생을 촉진하고 뇌신경의 파괴를 막을 수 있다.

앞서 설명한 한약치료와 이번 장에서 알아본 침치료를 병행하면 상당한 효과를 볼 수 있으니 불편함을 혼자 안고 있지 말고 가까운 한의원에 방문해보자.

한의원에서도 마음의 병을 치료할 수 있나요

일반 대중의 한의원에 대한 인식을 보면 다치거나 삐었을 때 침을 맞으러 가는 곳, 혹은 몸이 좀 피곤할 때 보약 먹으러 가는 곳 정도로만 생각하는 경우가 많다. 그러다 보니 한의원에서 마음의 병을 잘 치료한다는 사실은 덜 알려져 있는 것 같다. 하지만 본래 한의학은 마음과 정신을 매우 중시하는 학문이다. 또한 정신건강에 효과적인 치료법을 제시할 수 있는 학문이기도 하다.

서양의학은 신체와 정신을 분리한 심신이원론을 기초로 하여 눈에 보이는 질병의 원인을 찾는 식으로 발전하였다. 따라서 눈에 보이는 기질적 원인이 뚜렷할 때는 진단과 치료가 비교적 잘 되지만, 그렇지 않은 경우에는 치료가 어려워진다. 반면 한의학은 신체와 정신이 따로 떨어져 있지 않다고 보고 '감정'이 '신체'에 미치는 영향을 매우 중시한다. 많은 문헌에서 '평소에 감정을 잘 다스릴 것'과 '감정이 지나쳐 기를 상하지 말

것'을 강조했다. 그래서 한의사들은 환자가 불안이나 우울과 같은 마음의 병이 아니라 다른 질환으로 한의원을 찾는 경우에도 항상 '마음'의 문제를 살핀다. 병의 실제 원인이 '마음'에 있는 경우가 수도 없이 많기 때문이다. '스트레스성', '신경성'으로 단순하게 이름 붙인 수많은 질환들은 사실은 마음을 돌보지 못해서 생기는 병이다.

기본적으로 한의학은 병 너머 환자의 마음을 본다. 한의학의 기본자세가 이것이다. 그래서 잘 훈련된 한의사는 누구보다 좋은 심리치료사가 될 수 있다. 몸과 마음을 모두 돌볼 수 있기 때문이다. 한의학에서 자주 사용하는 한방정신요법을 소개해보겠다.

대표적으로 '이정변기요법'이 있다. '이정변기'는 '정(몸)'을 옮겨 '기(기운)'를 변화시킨다는 뜻으로 의사가 각종 방법으로 환자의 정신 상태를 변화시키는 방법이다. 이정변기요법은 크게 정신전이법과 정서도인법으로 나눠진다.

정신전이법은 의사와의 대화, 음악, 산책, 운동, 가무, 낚시, 관광, 여행 등 다양한 활동을 통하여 정신활동을 전이시키거나 분산하여 정서적 증상을 완화하는 방법이다. 환자가 진료실에서 미처 생각하지 못한 부분을 이야기해줌으로써 정신의 환기를 이룰 수 있다. 불안과 우울에 빠져 있을 때는 세상이 온통 암흑 세상이다. 좁고 어두운 터널과 같은 곳을 걷는 것과 같다. 머릿속은 부정적, 비관적, 염세적인 생각으로 가득 찬다.

그래서 치료 초기의 환자는 표정이 어둡고, 목소리는 가라앉아 있다. 온갖 세상의 짐을 짊어진 사람의 모습이다. 그러나 몇 차례의 상담을 통해 환자가 가진 수많은 장점과 자원들, 이 세상의 아름다운 것들, 선하고 긍정적인 모습을 떠올리게 하면 점차 기운이 바뀐다. 점차 웃기도 하고, 목소리에 힘도 실린다. 비로소 환자 안에 있던 밝은 기운이 뿜어져 나온다. 감정이 옮겨져 기가 변화한 것이다. 이를 정신전이법이라 한다.

정서도인법은 호흡을 단련하거나 몇 가지 동작을 배합하여 정서와 기의 변화를 이끌어내는 것이다. 의사는 환자를 지도하여 호흡법을 단련하게 하고, 심신의 이완을 유도하여 긴장되었던 몸과 마음을 안정되고 편안한 마음으로 바꾸어 낸다. 정서도인법은 상담 현장에서도 활용하지만, 침치료 시에도 활용할 수 있다. 침치료는 침을 놓은 후 보통 10분에서 15분 정도 유침하는 시간을 갖는다. 이때 환자에게 호흡법을 알려준다. 수많은 생각과 근심, 염려로 분주한 마음을 호흡으로 가져오게 하면 몸과 마음이 이완되며 침치료만 시행하는 것보다 안정 효과를 높일 수 있다. 호흡법 이외에도 기공요법, 요가 등도 정서도인법에 해당한다.

대화를 통해 심리적 문제를 해소하는 서양의 심리상담과 유사한 '지언고론요법'도 있다. 대화를 통해 의사는 환자에게 병에 대해 설명하고 이해시키며 환자가 가진 비합리적인 생각에 대해 나누고 토론하기도 한다. 또한 무조건적인 수용의 자세로 관심을 갖고 환자의 이야기를 경청한다. 이와 같은 과정을 통해 환자는 감정과 생각을 객관적이고 이성적으로 볼 수 있게 되어 합리적인 판단을 할 수 있는 능력을 기르게 된다. 또한 그동안 마음속에만 간직해 왔던 생각을 터놓음으로써 감정이 환기 된다. 더불어 수용 받는 경험을 통해 안전한 장을 구축하며 점차 마음에 단단한 힘이 생긴다.

'경자평지요법'은 불안이나 공포의 원인이 되는 자극을 약한 것으로부터 순차적으로 강도를 높여 노출시키는 것으로 현대의 '계통적 탈감작요법'과 유사하다. 금원시대의 의가였던 장자화의 『유문사친』에 이에 대한 예가 기록되어 있다. 한 부인이 여행 중에 자다가 밤에 도둑이 들어 침대에서 떨어졌는데 그 후로 무슨 소리를 들을 때마다 놀라 인사불성이 되었다. 수많은 의사에게 치료를 받아도 효과가 없었는데 장자화는 부인을 높은 의자 위에 앉히고 아래 작은 탁자를 놓은 후 나무로 탁자를 세게 쳤다. 부인은 크게 놀랐다. 장자화가 잠시 기다렸다가 다시 탁자를 때리니 부인은 또 놀랐다가 다시 완화되었다. 이후 주기적으로 문이나 창을 때려 부인을 놀라게 했다. 부인은 습관이 되어 이제 큰소리가 나도 조금 놀랐다가 웃기도 하였다. 그 이후에는 천둥소리가 들려도 놀라지 않게 되었다. 경자평지요법은 특정공포증이 있거나 공황장애가 있을 때 주로 사용되는 방법이다. 불안과 공포의 원인이 되는 자극을 약하게 반복해 노출시킴으로써 '자극에 노출되어도 별 문제가 없구나. 괜찮구나.'라는 것을 뇌에 각인시키는 것이다. 공황 발작이 일어났던 장소와 비슷한 장소에 가본다든지, 사람이 많지 않은 시간에 대중교통을 이용해본다든지, 운전 시간을 서서히 늘려본다든지 하는 것들이 모두 이에 해당한다.

이외에도 한의정신요법에는 오행학설에 기초한 한의학만의 독특한 정신치료요법인 '오지상승요법', 환자의 생각에 순응하고 심신의 요구를 만족시켜주는 '순의요법' 등의 다양한 치료법이 있다. 최근에는 서양의 심리치료와 결합하여 다양하게 치료를 하는 추세이다.

『황제내경』의 「영추靈樞」 천년편天年篇에는 "실신자사, 득신자생失神者死, 得神者生(정신을 잃은 자는 죽고 정신을 얻은 자는 산다.)"라 하여 '치신治神', 즉 정신을 치료하는 것이 모든 질병 치료에 있어 근본이며, 우선이 됨을 말하고 있다. 또한 조선 시대 세조가 1463년에 직접 저술한 의학 전문 서적인 『의약론』에는 8종의 의사에 대해 열거되어 있다. 가장 으뜸이 되는 환자의 마음을 편안하게 하고 마음이 요동치지 않게 돕는 '심의'라 하였다. 이는 마음이 편안하면 기운이 편안해지기 때문이다. 한의학의 정신치료요법은 이러한 사상의 바탕 가운데 만들어졌다. 한약, 침치료와 더불어 심리치료를 병행하면 몸과 마음을 함께 다스림으로써 치료 속도를 높일 수 있다.

베트남 파병군을 치료한 침 없는 침술

감정자유기법EFT, Emotional Freedome Techniques은 한의학의 경락이론과 서양 심리치료 기법이 결합된 심리치료법이다. 한국에서는 2019년, 신의료기술로 인증되어 주목받고 있다. 1990년대, 미국의 게리 크레이그가 개발하여 베트남 파병 군인들의 외상후스트레스장애PTSD 치료에 활용하였고 뛰어난 효과를 나타내 세상에 알려지게 되었다.

  EFT는 부정적인 경험과 기억이 인체의 에너지 체계를 혼란시키고 이것이 불안, 우울, 분노 등 부정적인 정서를 유발한다고 본다. 따라서 에너지가 흐르는 특정 경혈을 두드림과 동시에 긍정적인 확언을 되뇜으로써 혼란된 에너지 흐름을 바로잡아 부정적 정서를 조절할 수 있다고 보았다. 경혈을 두드리는 신체적 방법과 긍정확언이라는 심리적 방법을 동시에 이용하는 기법이다. 보통 침을 놓는 자리인 혈자리를 응용하는 기법이지만 실제 침을 쓰는 것은 아니기 때문에 '침을 사용하지 않는 독특한 침술'이라고 불리기도 한다.

1. 신체적 방법

기본적으로 14개의 경혈 자리를 두드린다. 경혈은 에너지가 모이는 특정한 지점이다. 한의학에서는 에너지, 즉 기가 흐르는 통로를 경락이라 하며, 그중 특히 에너지가 모이는 곳을 경혈이라 했다. 특정 장부가 좋지 않을 때 해당하는 혈자리를 누르면 통증이 느껴지거나 몽우리가 있는 것을 느낄 수 있는데, 이 자리가 보통 침을 놓는 자리이다.

2. 심리적 방법

감정과 나, 상황을 받아들이는 수용과 긍정적 확언을 되뇐다. 수용은 불쾌한 감정이나 부정적 상황을 바꾸지 않고 있는 그대로 허락하는 것이다. 의식적, 무의식적으로 받아들이지 못하고 있던 과거의 부정적 경험과 기억들, 만족스럽지 못한 현재의 나, 걱정되는 현재의 상황과 미래 등을 수용하는 확언을 한다. 수용 확언, 선택 확언, 의문 확언, 긍정 확언이 있으며 각각의 예시는 다음과 같다.

- **수용 확언** "나는 비록 사람들을 만나는 것이 두렵지만, 이런 나를 온전히 이해하고 마음속 깊이 받아들이고

사랑합니다."
- **선택 확언**   "나는 나를 온전히 믿고 사랑할 것을 선택합니다."
- **의문 확언**   "왜 나는 점점 마음이 편안해지지?"
- **긍정 확언**   "나는 소중하고 사랑받을 가치가 있는 사람입니다."

EFT는 감정, 스트레스 반응과 관련되어 있는 뇌의 편도체를 진정시키며, 안정과 집중 상태의 뇌파인 알파파의 활성도를 높인다. 따라서 스트레스 감소와 부정적 정서의 해소, PTSD, 우울증, 불안장애 등에 광범위하게 활용될 수 있다.

EFT를 통한 심리치료는 준비 단계, 기본 두드리기 단계, 뇌조율 과정의 3단계로 이루어지며 훈련된 전문가를 통해 시행되어야 하나, 다음의 간편화된 방법으로도 적용해볼 수 있다.

1 문제 확인하기   신체적, 정서적, 부정적 신념, 부정적 자아상 등 해결하고 싶은 문제를 떠올린다. 예) 두통, 더부룩함, 복통, 어지러움, 두근거림, 불안감, 무기력, 우울 등

2 주관적 고통지수 확인하기   위의 문제로부터 느껴지는 불편감에 대해 0부터 10까지 주관적 점수를 매긴다.

3 타점 두드리기   손날타점인 후계혈을 두드린다. 후계혈은 EFT에서 주로 사용하는 타점으로 새끼손가락 쪽에서 손바닥과 손등이 만나는 손날 부분으로 새끼손가락이

끝나는 부분의 움푹 패인 곳에 해당한다. 검지와 중지 두 손가락 끝으로 후계혈을 7번 정도 두드린다. 강하게 두드리되 너무 세지 않도록 주의한다.

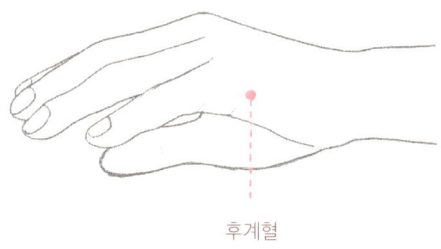

후계혈

4 타점 두드리기 & 확언 반복하기　후계혈을 두드리며 확언을 반복한다. 확언을 할 때는 최대한 감정을 담아 말하는 것이 감정에 동조하는 데 좋다. 이를 2회 정도 반복한다.

5 심호흡하기　타점을 두드리며 심호흡을 3회 크게 한다.

6 주관적 고통지수의 변화 확인하기　EFT 시행 전에 비해 주관적 고통 지수가 어떻게 변했는지 확인한다.

　EFT는 시간, 장소에 구애받지 않고 쉽고 간단하게 적용해 볼 수 있는 방법으로 활용도가 높다. 갑자기 불안한 마음이 들거나 부정적 생각으로 괴로울 때, 경혈을 두드리며 확언을 되뇌어보자. 주변에 사람이 많을 때는 속으로 되뇌어도 좋다. 몸과 마음이 빠르게 편안해짐을 느낄 수 있을 것이다.

추나요법으로 척추와 불안을 바로잡기

척추는 우리 몸의 중심에서 기둥 역할을 한다. 척추는 경추(목뼈), 흉추(등뼈), 요추(허리뼈), 천추와 미추(꼬리뼈)로 구성되어 있으며, 옆에서 보았을 때 S자의 커브를 그리는 만곡 형태로 되어 있다. 경추와 요추는 앞으로 C 커브를 이루고 있는 전만 형태이며, 흉추와 천추, 미추는 뒤로 C커브를 이루는 후만 형태이다. 뒤에서 봤을 때 척추가 일직선을 이루며 측면에서는 적당히 S자 커브를 이루고 있는 모습이 건강한 척추의 모습이다.

  척추가 틀어짐 없이 정상적인 만곡을 이루는 것은 척추의 건강을 위해서도 중요하지만, 오장육부의 건강과 더불어 정신 건강을 위해서도 중요하다. 척추는 뇌와 말초 신경을 연결하는 큰 신경다발인 척수를 보호하고 있다. 또한 척추 사이사이의 공간인 추간공을 통해 신경 가지와 혈관, 자율신경이 빠져나와 내장기관을 비롯한 전신에 신호를 주고받게 된다. 특히 자율신경은 척추 사이로 빠져나와 심장박동, 호흡, 땀 분비, 체온, 소화 등을 우리의 의지와 상관없이 자율적으로 조절한다. 척추가 틀어져 자율신경의 흐름에 영향을 주면 자율신경불균형을 유발하고 각종 신체의 불편감과 정서적 불안을 야기할 수 있다.

척추의 불균형을 바로잡는 한의학의 치료법으로 추나요법이 있다. 추나요법은 한의사가 직접 손이나 신체 일부 또는 추나 테이블, 기타 다른 도구를 사용하여 환자의 신체 구조에 자극을 가하여 구조나 기능상의 문제를 치료하는 한방 수기요법이다. 추나요법은 잘못된 자세나 물리적 손상, 노화 등으로 인한 근육, 뼈, 관절 등의 틀어짐을 바로잡아 디스크, 협착증 등의 근골격계 통증뿐 아니라 이명, 소화불량, 복통, 비뇨기 질환 등의 내장 질환, 불안장애나 우울증과 같은 정신 질환까지 치료한다. 추나요법은 근육, 인대, 근막과 같은 연부 조직을 이완, 강화시키는 단순 추나와 교정을 통해 적극적으로 뼈의 틀어짐을 바로잡는 복잡 추나로 나눌 수 있다.

단순 추나는 관절의 정상 운동범위 내에서 관절을 움직여주거나 늘려주고, 근육, 인대, 근막, 건 등을 이완 또는 강화시키는 기법이다. 불안장애의 경우 과잉 각성과 근육 긴장, 두근거림 등의 증상이 나타나는데 이러한 증상의 완화에 단순 추나 기법이 유효하다. 두경부, 체간부, 상, 하지, 복부 등 근막의 경결과 긴장, 단축을 풀고 이를 통해 기혈 순환을 원활하게 하고 자율신경을 조절하여 이완을 유도한다. 주로 안면부, 두경부의 근육을 이완시킨다. 이러한 완만한 수기요법은 대뇌피질의 흥분을 억제하여 정신을 이완시키는 작용을 한다.

복잡 추나는 관절의 생리학적 범위를 넘는 고속저진폭기법(순간교정기법)을 사용하여 뼈의 틀어짐을 교정하는 기법이다. 관절 가동 범위를 증가시키고 관절 간격을 조정함으로써 관절의 변위와 기능부전을 회복시킨다. 복잡 추나는 단순 추나에 비해 보다 적극적인 교정 기법으로 경추, 흉추, 요추 등의 틀어짐을 진단하여 교정함으로써 자율신경의 불균형을 바로잡을 수 있다. 따라서 척추 틀어짐으로 인해 발생하는 자율신경 불균형과 이로 인해 나타나는 정서적 불안과 신체적 불편감을 정상화시킬 수 있다. 마땅히 다른 원인이 없는 것 같은데 불안으로 힘들다면 혹시 척추가 틀어지진 않았는지 반드시 한의원에 방문하여 확인해보길 권한다.

약 복용을 고민 중이라면

 나는 원래 병원에도 잘 안 가고, 처방받은 약을 잘 먹지도 않았다. 한의사가 한약이 아닌 약을 먹으면서 병이 낫는다는 것을 받아들이지 못했다. 그때는 젊었기에 그렇게 해도 큰 불편이 없기는 했다. 그런데 지금은 당시의 내가 조금 미련했다는 생각을 한다. 한약은 근본적 치료를 하지만, 양약처럼 통증을 바로 없애지는 못한다. 통증이 극심하거나 증상이 심한 경우에는 양약으로 증상을 달래면 일상생활이 훨씬 편해질 수 있다. 나도 가끔 불현듯 두통이 올 때는 진통제를 먹기도 한다. 진통제 한 알을 먹은 것만으로 통증 없이 생활을 할 수 있으니 먹지 않을 이유가 없다.
 불안이나 우울 증상이 심하거나 오래된 경우에도 약물 복용을 고려하는 것이 좋다. 통증이 심할 때 진통제를 먹듯, 정신과 약물은 우울과 불안의 증세를 경감시킬 수 있다. 우울이나 불안을 완전히 사라지게 할 수는 없지만, 증상과 여러 불편감을 조절해줌으로써 일상생활을 가능하게 해준다. 불안장애에는 주로 SSRI(선택적 세로토닌 재흡수 억제제)와 벤조디아제핀 계열의 약이 처방된다. SSRI는 '렉사프로', '졸로푸트', '팍실', '세로자트', 벤조디아제핀은 '자낙스', '알프람', '리보트릴'과 같은 상품명으로 출시되어 있다. 불안장애 환자의 경우 뇌의 세로토닌이 저하된 경향을 보인다는 오랜 연구 결과를 토대로 세로토닌의 재흡수를 억제해 농도를 높이는 것이 SSRI이다. 벤조디아제핀은 뇌에서 정신을 안정시키는 GABA라는 물질을 더 잘 작용하게 하여 불안과 긴장을 억제해주는 약물이다. 이렇게 정신과 약물은 뇌의 신경전달물질을 조절함으로써 불안으로 인해 나타나는 여러 정신적, 신체적 증상을 어느 정도 개선할 수 있다. 따라서 아직 정신과 약에 대한 편견이나 거부감이 있다면 걱정을 조금 내려놓고 약의 도움을 받아도 괜찮다고 이야기해주고 싶다.

물론 정신과 약물은 단순 진통제보다 의존성이나 부작용에 대한 고려를 충분히 해야 한다. 약을 먹다가 스스로 약 복용을 중단하는 것은 매우 위험한 일이므로 꼭 전문의와 상의하여 천천히 줄여나가야 한다. 또한 부작용이 있을 수 있다는 것을 알고 본인에게 잘 맞는 약을 찾을 때까지 여러 약물을 복용해보아야 한다.

연예인들이 방송에 나와 공황장애를 고백하고 여러 매체에서 정신건강의학과의 편견을 없애려는 노력을 통해 현재는 정신건강의학과의 문턱이 낮아졌다. 지금 진료를 받기 위해 정신

건강의학과에 가려면 몇 달을 기다려야 하는 경우도 많다고 한다.

우리 한의원에 오는 환자 중에도 많은 사람들이 정신과 약물을 복용하고 있다. 그런데 오랫동안 약물을 복용한 후에도 불안장애가 치료되지 않는 경우가 많다. 어찌 보면 당연한 현상이다. 앞서 말했듯 정신과 약물은 불안장애를 근본적으로 치료할 수 없다. 통증이 심할 때 진통제를 먹어 통증을 가라앉히듯, 불안의 증상을 눌러주는 약이 정신과 약물이다. 불안장애를 근본적으로 치료할 수 있는 약물은 아직까지 없다.

정신과 약물을 복용하고 불안의 증상이 좋아졌다면, 이후 서서히 약물을 줄여나가며 완전히 끊는 것이 가장 바람직한 경과이다. 하지만 이런 경우보다 약을 복용한 후 다소 증상이 나아졌지만 이후 다시 또 불안이 올라오고 약물을 바꾸거나 늘리면서 오랫동안 복용하며 만성으로 이어지는 경우가 더 많다. 이 두 경우에는 어떤 차이가 있을까? 첫째는 한 사람이 가진 내적, 외적, 사회적 자원(리소스)의 차이이다. 정서적 회복 탄력성이 높고 기질적으로 안정형이거나 스트레스를 적절하게 해소하는 능력이 있는 경우, 신체적으로 건강한 경우, 주변 가족이나 친구의 도움을 받을 수 있는 경우, 안정된 직장과 주거 환경이 있는 경우에서는 이러한 자원들을 통해 단기간의 약물 치료만으로도 불안이 쉽게 치료된다. 둘째는 약물 복용과 함께 몸과 마음의 힘을 기르는 작업을 병행했는지 아닌지의 차이이다. 앞서 설명한 대로 불안장애의 원인은 다양하다. 유전과 기질의 문제, 성장 과정에서의 다양한 사건과 경험들이 나의 무의식에 새겨져 생각과 감정을 통제한다. 한의학적으로는 심장 등의 장부의 기능 저하로 불안이 나타날 수 있다. 세로토닌과 GABA와 같은 뇌 신경전달물질의 부족은 원인이 이닌 결과에 가깝다. 불안을 만든 근본적인 원인을 파악하여 치료해야 불안장애의 '완치'가 가능하다. 따라서 약물을 복용하되, 내 불안의 실체를 탐구하고 '나'라는 사람에 조금 더 관심을 가지며 몸과 마음을 기르는 시간이 반드시 필요하다. 마음챙김, 호흡법, 감정일기쓰기, 수용하기, 규칙적 생활과 적당한 운동 등이 도움이 된다. 혼자 하기 힘들다면 전문가의 도움을 받는다. 장부 기능을 정상화하는 한의학 치료도 좋고, 심리치료나 상담을 받는 것도 좋다.

한약과 양약을 같이 먹어도 될지를 묻는 환자들이 있다. 한약과 양약 병용 투여 시 양약이나 한약을 단독 투약했을 때보다 효과가 좋다는 연구가 많다. 실제로 환자에게 처방해보면 한약과 양약을 같이 먹어도 별 문제가 없고 오히려 더 빨리 좋아지는 경우가 많다. 이렇게 양약과 한약을 동시에 투여하는 것은 경험적으로 안전하다고 받아들여지고 있으나, 몇몇 특정 한약과 양약이 상호작용을 일으킬 수 있다는 연구 결과들이 있고, 아직 밝혀지지 않은 부분도 많다. 그래서 양약을 복용하며 한의학 치료를 받을 때는 반드시 주치 한의사와 상의하도록 해야 한다. 또한 양약과 한약을 같이 먹을 때는 약물 상호작용을 피하기 위해 2시간 정도의 간격을 두고 먹는 것을 권한다.

정신건강의학과에 대한 편견이 줄어들고 환자들이 적절한 치료를 받게 된 것에 대해서는 정말 다행이라고 생각하지만, 한의사로서 한편으로는 걱정이 되기도 한다. 정신과 약만 복용해서 불안장애나 우울증이 완치된다면 더할 나위 없이 좋겠지만 불행히도 그럴 수는 없다. 약물에만 의지하다가 오히려 병을 키우기도 한다. 약을 오래 복용하고 한의원에 왔을 때는 치료 기간이 길어지는 경향을 보인다. 약물의 도움을 받되, 의지하지는 않아야 한다. 앞서 말했듯 천천히 시간을 갖고 '불안'과 '나'에 대해 파악하고 몸과 마음의 균형을 잡아나가야 불안이 완치될 수 있다.

―――――― 마음처방전 ――――――
불안 극복을 위한 몇 가지 방법들

정현종 시인의 「방문객」이라는 시의 의미를 살펴보면, 한 사람의 삶이라는 것은 그의 과거와 현재 그리고 미래가 모두 합쳐진 것임을 알려주고 있다. 즉 이 모든 시간이 통합되어 '나'라는 사람을 이루는 것이다. 이 시간들이 의미 있게 구성되어야 인간은 만족과 행복을 누리며 살아갈 수 있다는 것이다. 우리가 치료에 이용하는 다양한 심리기법들은 모두 각각 과거, 현재, 미래의 삶을 바꾸는 것과 관련이 있다. 예를 들면 '상처받은 내면아이 치료'는 어린 시절에 치유되지 않은 상처를 되돌아보고 아직 어린아이로 머물러 있는 나를 만나는 '과거' 중심적 치료이다. 현재에 머무르고 지금, 여기에 마음을 집중하는 '마음챙김'은 '현재' 중심적 치료이다. 또한 절망적 마음을 거두고 앞으로의 삶의 의미와 소망, 꿈을 생각해보는 '의미치료'는 '미래' 중심적 치료가 된다. 이 중 어느 하나만으로는 완전한 치유가 일어나기 어렵다. 현재를 살아가며 과거의 나를 수용하고, 미래의 나를 기대할 때 온전한 회복이 일어난다. 그렇다면 과거와 현재, 미래는 각각 어떤 의미를 담고 있을까?

1. 과거 Past

과거는 현재의 나를 만든 시간이다. 현재 내가 하는 생각들, 느끼는 감정들은 과거의 삶과 경험으로부터 나오는 것이다. 극단적으로 0세에서 7세까지의 무의식이 우리 삶을 대부분 결정한다고 보기도 한다. 과거의 수많은 사건과 경험들은 무의식에 새겨져 나의 생각과 감정과 행동을 만든다. 우리는 의식적으로 결정과 판단을 한다고 생각하지만 우리 선택의 90% 이상은 과거의 무의식으로부터 나온다. 그래서 과거의 나를 돌아보는 것은 현재의 나를 이해하는 데 매우 큰 도움을 준다.

1) 가족지도 그리기

가족치료의 어머니라 불리는 심리치료사 사티어는 자녀와 부모로 구성된 관계를 '원가족 삼인군'이라 명명하며 자녀는 부모와 함께한 경험으로부터 의사소통의 방법뿐 아니라 스트레스 대처법, 감정을 다루는 법 등을 배운다고 하였다. 부모와 부모의 양육태도는 자녀의 정신 건강에 상당한 영향을 끼친다. 가족지도를 통해 나와 부모와의 관계를 되짚어보고, 또한 어머니의 원가족, 아버지의 원가족을 살펴봄으로써 나에 대한 이해를 높일 수 있다.

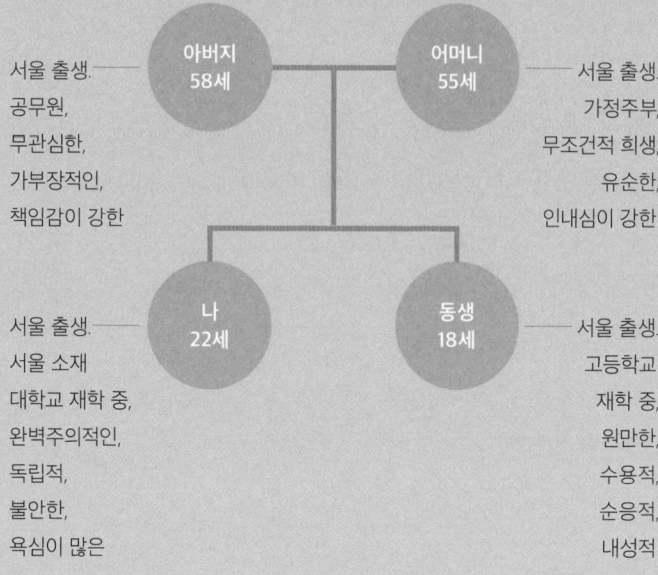

원가족(아버지, 어머니)과 형제를 '가족지도 예시'와 같이 그리고 각 인물의 출생, 나이, 직업 등과 각 인물을 설명하는 형용사를 3가지씩 적는다. 각 인물에 대해 나와의 관계를 중심으로 치료자와 나눈다.

2) 사진첩 정리

기억은 감정과 결합할 때 훨씬 강렬하고 오랫동안 남게 된다. 살면서 겪는 수많은 일 중 우리의 뇌리에 결국 끝까지 남아 있는 사건은 우리에게 특별한 감정을 유발한 사건이다. 특히 불안과 공포를 동반한 기억은 생존을 위해 뇌에 더 깊게 저장

된다. 이런 기전 덕분에 과거의 외상 경험을 학습해 비슷한 위험을 피하게 해준다. 일상에서 수많은 사람들을 만나고 다양한 사건을 경험하지만 대부분은 기억 속에 잊힌다. 하지만 누군가 내게 상처를 주었을 때, 큰 사고를 당했을 때, 충격적 일을 경험했을 때 등의 상황은 또렷하게 남게 된다. 이렇게 내 안에 남아 있는 사건과 그 기억이 현재 나에게 어떤 영향을 주고 있는지 살펴보면, 현재 나의 감정을 이해하는 데 도움이 된다.

3) 나의 무의식 알아주기 〈상처받은 내면아이〉

'상처받은 내면아이'란 유년기 트라우마적 사건으로 인해 생긴 상처가 적절히 치유되지 못하여 내면에 '어린아이'의 자아를 만든 것을 말한다. 내면아이는 성인이 된 나의 내면에 자리하고 있다가 예상하지 못한 순간에 튀어나와 나를 당황스럽게 만들기도 한다. 내 안에 자리한 상처받은 내면아이를 직면하고 아이의 상처를 어루만지며 그 상처를 해소해야 한다. 그렇게 되면 내면아이는 더 이상 내 안에 자아로 머물러 있지 않고 하나의 감정으로 사라지게 된다.

4) 비합리적 신념 놓아주기

과거의 경험으로부터 형성된 비합리적인 신념을 놓아준다. 비합리적 신념이란 근거 없이 인간의 정상적이고 건전한 정서와 행동을 방해하는 신념으로 "나는 반드시 모든 것을 잘 해내야만 해", "나는 모두에게 좋은 사람이어야만 해", "지금 이것을 잘 해내지 못하면 내 인생은 끝이 날거야"와 같이 융통성이 없고 현실적이지 않은 생각을 의미한다.

2. 현재 Present

현재는 우리에게 선물처럼 주어진 시간이다. 우리가 살아가는 시간은 과거도 미래도 아닌 지금 여기, 현재이다. 그래서 지금 현재에 집중하며 살아갈 때 인간은 가장 편안하며 행복감을 느낀다. 현재를 뜻하는 영어 'Present'는 선물이라는 뜻도 갖고 있다. 그만큼 현재는 우리에게 선물 같은 소중한 시간이다. 하지만 불안하고 우울할 때는 현재에 머무르지 못하고 과거나 미래를 산다. 자꾸 과거로 돌아가 불행했던 사건을 되짚고, 그때의 자신을 후회하고 원망한다. 또는 아직 오지 않은 미래를 불안해하고 걱정과 근심으로 살기도 한다. 현재에 머무르는 법을 배울 때, 이전에는 발견하지 못했던 삶의 행복을 발견할 수 있게 된다.

1) 나의 리소스 찾기

과거의 우울이나 미래의 불안에 끄달려 살다 보면 현재 내가 가진 많은 것들을 놓치게 된다. 내가 갖지 못한 것, 나의 부족한 점만 끊임없이 떠올라 나를 괴롭힌다. 하지만 하나씩 찾아보면, 내가 가진 자원들이 무수히 많다. 관계성을 중시하는 'M&L Mindfulness & Loving Beingness 심리치료'에서는 인간이 본래 가지고 있는 근원적 힘을 강조하며, 자신이 가진 자원을 찾고 이를 활용할 것을 강조한다. 우리에게는 분명히 찬란했던 순간들이 있었고, 나를 사랑해주는 사람들이 있으며, 내가 좋아하는 공간과 내가 잘하는 일이 있다. 의도적으로 이러한 리소스를 찾고 이것에 머물 때, 수많은 문제가 해결된다.

2) 현재에 머무르기 〈마음챙김, Mindfulness〉

평온한 현재에 머무르는 가장 좋은 방법은 마음챙김을 하는 것이다. 마음챙김이란 의도적으로 현재, 지금 이 순간에 주의를 기울이는 것이다. 이때 어떠한 판단이나 평가 없이 떠오르는 모든 감정을 수용한다는 자세가 중요하다. 지금 일어나는 생각, 감정을 있는 그대로 알아차리고 받아준다. 마음챙김은 무의식적으로 과거와 미래로 향하는 내 생각의 방향을 의식적으로 현재로 돌아오게 한다.

3. 미래 Future

미래는 희망의 시간이다. 사람은 미래에 대한 희망이 있을 때 살아갈 수 있다. 인간은 아무리 절망스러운 상황 속에서도 단 한 줄기의 빛이 보인다면 그것을 붙잡고 살아갈 수 있는 존재이다. 미래에 대한 희망은 현재의 괴로움을 버틸 수 있는 힘이 되기도 한다. '죽음의 수용소에서'의 빅터 프랭클은 악명 높았던 아우슈비츠 수용소에 갇혀 있을 때에도 삶의 목적과 희망을 잃지 않고자 노력했다. 빅터 프랭클은 수용소에서 사람이 가장 많이 죽었던 시기는 연말연시라고 하였다. 대부분의 사람들이 연말이 되면 전쟁이 끝나고 자유를 찾을 것이라는 희망을 가졌는데, 새해가 되어도 여전히 같은 상황이 이어지고 여전히 포로 생활을 하고 있음을 보며 더욱 큰 절망을 했기 때문이다. 빅터 프랭클은 극도의 열악한 상황 속에서도 나는 존재 가치가 있으며, 목적한 바를 이루기 위해 반드시 살아남을 것이라 생각하며 희망의 끈을 놓지 않았다. 이처럼 미래에 대한 희망은 한 인간을 죽음으로부터 살리기까지 한다.

1) 내가 원하는 나, 나의 꿈과 소망 찾기

이 세상에 가치 없는 사람은 없다. 어느 한 사람도 그냥 이 세상에 존재하는 법은 없다. 내가 가장 빛나는 순간은 진정한 내 모습을 찾고, 내가 하고 싶은 일을 하며 삶에 펼쳐낼 때이다. 혹시 현실적인 상황과 어려움에 부딪혀 꿈을 접어놓았는가? 혹은 꿈을 생각하는 일은 사치라며 아예 생각해보지도 않았는가? 그렇다면, 매일 조금씩 시간을 떼어 정말 내가 하고 싶은 일이 무엇인지, 무엇을 하며 살고 싶은지, 나는 어떤 일을 할 때 행복한지 생각해보자. 희망은 우리를 살리는 가장 좋은 방법이다.

2) 긍정 확언

우울과 불안은 상황을 부정적으로 바라보게 한다. 이러한 감정이 습관처럼 오래 지속되어 왔다면 뇌의 회로도 부정적으로 굳어져 있기 마련이다. 부정적 생각을 하려는 의도가 없다 하더라도 뇌의 회로가 그러하니 나도 모르게 부정적인 생각이 든다. 확언이란 반드시 그러하다고 단정지어 말하는 것으로 긍정확언은 긍정적인 말을 반복해 함으로써 부정적 회로를 끊고 뇌에 새로운 긍정 회로를 만드는 방법이다. 내가 원하는 모습, 상태를 상상하고 그러한 상태를 부정어 없이 현재형 문장으로 만들어 반복한다. 예를 들면 "나는 기분 좋은 잠을 자고 아침에 개운하게 일어난다.", "나는 하고 싶은 일을 하며 충분히 휴식한다." 이렇게 문장을 만들어 매일 반복적으로 읽는다. 긍정확언은 생각 패턴, 뇌의 회로를 바꿈으로써 미래를 긍정적으로 변화시키는 매우 좋은 방법이다.

우리가 살고 있는 시간은 오직 현재이다. 현재 내가 어떻게 느끼고, 생각하고, 행동하는지에 따라 현재의 삶이 달라지며 이는 동시에 미래도 과거도 변화시킨다. 현재의 삶이 미래를 바꾸는 것은 쉽게 납득이 갈 것이다. 미래의 내 모습을 긍정적으로 바라보고, 원하는 삶을 위해 노력하게 되기 때문에 미래의 삶이 완전히 달라진다. 하지만 현재는 과거도 바꾼다. 지금의 나를 긍정하면 과거의 아픔과 상처에 대한 해석이 달라진다. 힘들고 아팠던 경험은 지금의 나를 성장시키고 성숙하게 만들었으며, 같은 아픔을 경험한 사람들을 공감하게 해준 소중한 경험으로 바뀐다. 그러니 과거의 나를 충분히 안아주고, 현재의 내 모습을 사랑하며, 미래의 나를 기대해보자. 우리의 삶은 언제나 더 좋아질 수 있다.

PART 3.

불안한
당신을 위한
처방

불안 게임에서 레벨 업!

불안은 우리를 안전하게 지키는 보호막의 역할을 하기도 하지만, 반대로 우리를 온실 속의 화초로 남게 만들기도 한다. 불안한 마음이 과하면 우리는 더 넓은 세상으로 나가지 못하고 스스로 한계를 짓고 작은 세상에 머물게 된다. 누군가는 "머무는 게 뭐가 어때서?"라고 할 수 있겠지만, 사실 그것은 재앙과도 같은 일이다. 인간은 본능적으로 어제보다 오늘 더 나아진 상태를 꿈꾸며 매일매일 성장할 때 만족과 행복을 느끼는 동물이다.

매슬로의 5단계 욕구이론에 따르면 사람은 5가지의 기본적인 욕구를 갖고 태어나는데, 각 욕구에는 우선순위가 있다. 1단계는 생리적 욕구로 음식·수면·주거 등의 삶을 영위하기 위한 기본적 욕구이며, 2단계는 안전 욕구로 신체적 위험과 외부로부터 자신을 보호하기 위한 욕구이다. 3단계는 사회적 욕구로 사람들 사이에서의 친밀감, 소속감과 애정에 대한 욕구이며,

4단계는 존경의 욕구로 자기의 능력을 인정받고 존경받고 싶어 하는 욕구이다. 이 4단계가 모두 충족되면 5단계 자아실현 욕구가 나타난다. 자아실현 욕구는 자신의 잠재력을 발휘하고 자기를 발전하고 성장시키고자 하는 욕구이다.

 삶의 과정마다 우리는 여러 과제와 마주한다. 태어났을 때 우리는 그저 배고프거나 졸릴 때 우는 것밖에 할 수 있는 것이 없었다. 하지만 수백 수천 번의 시행착오를 통해 몸을 뒤집고, 앉고, 서게 된다. 이후에는 말을 하게 되고 글을 배운다. 친구들과 어울리는 법을 배우고 예의범절도 배우게 된다. 초등학교, 중학교, 고등학교를 거쳐 더 많은 지식을 배우고 습득하며 졸업 후에는 대학교에 들어가거나 일을 시작하게 된다. 그 이후 스스로 돈을 벌게 되고 배우자를 만나 결혼을 하고, 아이를 낳고 양육하며 부모로서의 역할을 감당하게 된다.

 이러한 인생의 과제를 수행해 가며 우리는 끊임없이 배우고 성장한다. 내가 결코 하지 못할 것 같았던 일들도 막상 부딪히고 깨져 가며, 실패를 거듭하며 도전했을 때 어느 순간 그것을 이루게 된다. 요즘은 사람마다 조금 더 다양한 삶의 모습들이 있지만, 누구나 이 배움과 성장의 과정을 피해갈 수는 없다.

 그런데 만약 불안하고 두려워서 이러한 과정을 회피한다면 어떻게 될까? 학습하고 성장할 기회를 놓치고 마땅히 배워야 할 것들을 배우지 못하게 될 것이다. 아이가 걸음마를 배울 때 걷다가 넘어질 것이 무서워서 아예 걷기를 시도하지 않는다면, 그 아이는 평생 걸을 수 없고 앉아서 생활해야만 할 것이다. 유치원을 졸업하고 초등학교에 들어갈 때, 새로운 환경이 낯설고 두려워서 학교에 들어가는 것을 피한다면 초등학교에 들어가서 경험할 것들을 경험하지 못하고 발달이 늦어지게 될 것이다. 이처럼 불안장애를 갖고 살면 성장을 위해 반드시 필요한 도전의 과제들을 회피하게 될 수도 있다.

나도 오랜 시간 나를 온실에 가두고 살아왔다. 익숙하지 않은 일이거나 어려워 보이는 일은 시도하지 않으려 했다. 설사 그것이 나를 발전시키고 성장시킬 수 있는 좋은 기회임에도 불구하고 시작하기 전부터 불안감이 몰려와 '나는 잘 해내지 못할 것 같아', '내가 하면 잘 안 될 것 같은데'라는 생각으로 도전하지 않았다. 실패하면 세상이 영원히 끝날 것 같았다. 그 실패가 내 삶에 낙인으로 찍혀 있을 것만 같았다.

나처럼 기질적으로 안정을 추구하고 위험을 회피하는 성향을 갖고 태어났다면 모험을 하고 도전을 하는 것은 정말 어려운 일이다. 불안한 상태에서 과감한 선택을 하는 것이 결코 쉽지 않다. 실제로도 공황장애가 있는 상태에서 공황 발작을 겪은 곳이나 사람들이 많은 곳에 무리해서 가는 것은 오히려 증상을 악화시키기도 한다.

하지만 내가 불안하기 때문에, 공황장애를 갖고 있기 때문에 그저 같은 자리에 머물러 있는 건 환자 자신에게 너무 불행한 일이다. 불안장애로 오는 환자들에게 자주 하는 말이 있다. "삶을 너무 심각하게 생각하지 않으셔도 됩니다. 마치 게임을 한다고 생각해보세요. 게임할 때 퀘스트를 하나씩 깨 나가잖

아요. 그래서 레벨 업이 되잖아요. 그것처럼 삶을 게임이라고 생각하고, 문제가 생겼을 때 그 문제를 마치 퀘스트가 주어졌다고 생각해보세요. 그걸 하나씩 깨 나가는 거예요. 그러면 나는 레벨 업이 되어 있을 거예요."

삶은 가능성으로 가득 차 있다. 나의 불안으로 그것을 축소시키기에는 우리의 삶이 너무 아깝지 않은가. 조금 불안하지만 하나씩 도전해보자. 사람들을 만나는 게 너무 두렵고 힘들어서 혼자 지내고 있다면 천천히 마음의 문을 열고 다가가 보자. 설사 만남을 가졌을 때 아무 말도 못하고 돌아온다고 해도 괜찮다. 그렇다고 삶의 게임이 끝난 것은 아니기 때문이다. 다시 도전하고, 또 해보면 된다. 발표하는 게 떨리고 무서운가? 처음에는 잘 못하는 게 당연하다. 하지만 조금씩 도전해보자. 어느 순간 레벨 업이 되어 그 게임을 즐기고 있는 자신을 발견할 수 있을 것이다.

나는 나로 살기로 했다

하루에도 수많은 정보가 우리에게 유입된다. 인스타, 유튜브를 비롯한 각종 매체는 우리에게 끊임없이 어떤 메시지를 전달한다. TV에 나오는 늘씬하고 예쁜 연예인들을 보며 우리는 생각한다. "날씬해야, 말라야, 예뻐야 사랑받을 수 있어."

언제부턴가는 경제적 자유를 달성해야 성공적인 삶을 사는 것이라고 말한다. 씨드머니를 모으고, 투자를 해야 한다고 말한다. 사실 이러한 '사회문화적' 삶의 기준은 예전부터 늘 존재해 왔다. "공부는 잘해야 하고, 반드시 대학에 가야 한다.", "서른 이전에는 결혼을 하고 결혼을 하면 아이를 낳아야 한다." 등등……. 우리에게 들려오는 사회의 기준과 규정들은 너무 많다.

또 하나, 우리가 쉽게 벗어나지 못하는 것은 부모의 기준이다. 불안을 호소하며 오는 20대 환자들 중에는 부모의 가치관과 생각으로부터 벗어나지 못한 경우가 많다. 최근 내원한 한 20대 청년은 "저는 지금 재수를 하고 있는데요. 의대를 꼭 가야 해요. 부모님이 전문직이 아니면 소용이 없대요. 그런데 자신도 없고, 불안감이 점점 커져요."라며 괴로워했다. 물론 이 불안정한 사회에서 아들이 돈 걱정 없이 편하게 살길 바라는 부모님의 마음은 충분히 이해한다. 하지만 그것은 부모의 경험으로부터 나온 부모의 생각이며 부모의 가치관일 뿐이다.

알게 모르게 이러한 기준들은 우리에게 스며든다. 가랑비에 옷 젖듯이 아주 천천히, 하지만 깊숙하게 우리 생각과 마음을 지배하게 된다. 그래서 이러한 기준을 어떻게든 충족시키려 노력하며 살게 된다. 그렇게 노력해서 사회가 원하는 기준을 만족시키면 나는 행복해질까? 부모가 원하는 대로 의대에 합격하면 나는 행복해질까? 결코 그렇지 않다. 열심히 공부해서 좋은 대학교를 나오고, 대기업에 취직을 하고, 돈도 많이 벌었는데 어딘가 모르게 여전히 불안하다. 나보다 늘 앞서 있는 사람이 있고, 대체 어디까지, 얼마나 더 노력해야 할지 끝이 안 보이는 터널을 걷는 것 같다. 세상의 기준, 타인의 기준을 따라 살며 내가 불행한 이유는 온전한 '나'로서 살지 못하기 때문이다. 내가 마음 깊이 원하는 것은 정작 거기에 없는데, 그것을 따라 살려고 하니 마음이 늘 괴로울 수밖에 없다. 맞지 않는 신발을 신고 하루 종일 걸어야 한다면, 그것보다 괴로운 일이 어디 있겠는가.

최근에는 미라클 모닝이 다시 유행했다. 새벽 4시 30분에 기상해서 아침 시간을 활용하자는 좋은 취지의 것이었다. 아침은 확실히 머리가 맑고 집중도 잘 되는 시간이다. 그런데 모두가 새벽기상을 해야 하는 것은 아니다. 아침에 일찍 일어나는 것이 몸에 잘 맞는 사람이 있는 반면, 그렇지 않은 사람도 많다. 아침에는 일어나서도 한참동안 피곤한데 오후가 될수록 기운이 나고 집중이 잘 되는 사람도 있다. 또 어떤 사람은 6시간만 자도 멀쩡한 반면, 어떤 사람은 8시간은 자야 피로가 풀리는 사람이 있다. 나도 한때 새벽 기상을 시도해본 적이 있다. 4시 반에 일어나보기로 했다. 아침에 3시간이 더 생기면 더 많은 일들을 할 수 있을 것 같았다. 그런데 일어나서도 잠이 잘 깨지 않아 몽롱한 상태로 하루 종일을 보냈다. 정신이 맑지 않으니 집중력도 떨어지고, 자꾸 자고 싶은 생각만 들었다. 얼마 못가서 새벽 기상을 포기했다. 그리고 시간을 좀 더 늦춰 6시 30분에 일어나니 아침 시간을 확보하면서도 피곤한 느낌이 없었다. 오히려 깨어 있는 시간에 더 집중해서 할 일들을 잘 할 수 있었다.

　우리가 세상의 기준을 따르는 이유는 불안하기 때문이다. 남들처럼 하지 않으면 도태될 것 같고, 뒤처질 것 같은 불안감이 든다. 하지만 그것은 '나'의 기준이 명확하지 않고 자기에 대한 신뢰가 없기 때문이다. 자기 확신이 있으면, 다른 사람들의 말이나 세상의 기준에 쉽게 흔들리지 않고 불안해지지 않을 수 있다. 나무의 뿌리가 땅에 튼튼하게 잘 박혀 있으면 아무리 거센 바람이 불어도 잘 흔들리지 않는다. 하지만 뿌리가 부실하면 작은 바람에도 휘청인다.

　자기 확신을 가지려면 어떻게 해야 할까? 먼저 '나'에 대해 잘 알아야 한다. 내 성격과 기질은 어떠한지, 나는 무엇을 할 때 기분이 좋은지, 내가 가진 장점은 무엇인지, 내가 앞으로 정말 하고 싶은 일은 무엇인지, 나는 누구랑 있을 때 행복한지, 내가 오늘 하루를 살면서 느낀 감정은 무엇이었는지 등등……. 나 자신에 대해 내가 더 궁금해하고 질문을 많이 던져야 한다. 이것을 '자기 탐구'라고 한다. 나라는 인간은 대체 어떤 사람인지 끊임없이 탐색해보는 것이다. 이때에는 세상의 기준, 부모의 기준, 친구들의 기준을 다 떠나서 온전히 내 마음의 소리에 집중해보는 것이 중요하다. 내 마음 깊은 곳에서 외치는 소리를 들어주어야 한다. 매일매일 일기를 써보는 것도 좋고, 수시로 만나는 상황들에서 내가 느끼는 감정을 알아차려보는 것도 도움이 된다. 또 해보지 못한 다양한 경험을 해봄으로써 이전에 알지 못했던 나를 만나보는 것도 좋다.

나를 탐색하면서 나에 대해 조금은 알게 되었다면, 있는 그대로의 나를 받아주어야 한다. 이것을 '자기 수용'이라 한다. 세상의 기준과 조금 다르더라도, 맞지 않더라도 그냥 있는 그대로의 나를 받아준다. 사실 남들과 같지 않기에 내가 더 빛나는 법이다. 우리 한 사람 한 사람은 모두 다 보석 같은 존재들이다. 단 한 사람도 똑같이 태어난 사람은 없다. 아무도 나를 대신할 수는 없다. 나는 그저 나이기에 가치 있는 사람이고, 나로서 존재할 때 가장 빛난다. 나의 빛깔을 가리는 건 사실 세상의 기준에 맞춰 살려는 나의 생각이다.

세상의 기준에 속지 말자. 그저 세상을 따르기보다 내 안의 소리를 들어보자. 그리고 그런 나를 예뻐해주고 안아주자. 내가 나로서 존재할 수 있으면 불안은 설 자리가 없다. 우리는 어떤 조건에 의해 가치가 달라지는 상품이 아니고, 존재만으로 사랑받기에 충분한 한 사람이다.

아직 발견하지 못한 장점

한때 '엄친아'라는 말이 꽤 유행했다. '엄친아'는 '엄마 친구 아들'의 줄임말이다. 보통 공부도 잘하고, 착하고, 부모한테 잘하는 환상 속의 인물을 말한다. 애석하게도 이 말은 '엄마 친구 아들 ○○이는 이번에 수학 100점 맞았다더라.', '엄마 친구 아들 ○○이는 이번에 엄마한테 가방을 사줬대.' 이런 말들로부터 유래된 단어일 것이다. 나와 '엄친아'는 그렇게 비교를 당해 온 것이다.

학생 때는 성적으로 비교를 당하고, 직장에 들어가서는 성과로 비교를 당한다. 또 일상에서는 돈, 외모, 능력 등으로 비교를 당한다. 이제는 '엄친아'뿐 아니라 전국, 아니 전 세계인들과 비교를 당한다. 별로 궁금하지 않은 소위 '잘난' 사람들의 일상이 우리의 삶을 초라하게 만든다. 그러다 보니 나를 생각할 때, 늘 부족한 사람이고 문제가 있는 사람인 것만 같다. '나는 왜 저 사람들처럼 잘하지 못하지?', '왜 나는 예쁘지 않지?', '왜 나는 능력이 없지?' 같은 질문들이 끊임없이 자신을 괴롭힌다.

물질만능주의, 성과중심주의, 외모지상주의의 시대에 살면서 나의 가치를 지켜내기는 쉽지 않다. 물질과 성과와 외모로 평가를 받는다면, 대다수는 언제나 늘 부족한 사람일 수밖에 없다. 우리는 더욱 더 위로 올라가기 위해 끊임없이 위만 바라보며 살아야 할까? 결코 그렇지 않다.

나는 어릴 때부터 목소리도 작고 다른 사람들 앞에 잘 나서지 못하는 아이였다. 목소리를 애써 크게 하려고 해도 잘 되지 않았다. 지금도 발표하는 자리가 여전히 힘들고 부담스럽다. 에너지 레벨이 높지 않고 체력도 약해서 금방 지친다. 그래서 나는 목소리가 크고 에너지가 넘치는 사람들이 늘 부러웠다. 특히 그 에너지를 갖고 성공한 사람들을 보면 알 수 없는 패배감이 몰려왔다. 나도 저런 체력과 에너지가 있다면 더 많은 일을 감당하고, 더 성공할 수 있을 텐데 하는 아쉬움이 늘 나를 따라다녔다. 에너지를 높이기 위해 운동도 해보고, 스스로 마인드컨트롤도 해봤지만 별로 변하는 건 없었다. 나는 그냥 작은 목소리와 에너지를 가진 사람이었다. 이것을 억지로 바꾸려 하니 잘 안 되는 게 당연했다.

하지만 나에게는 집중력과 끈기가 있고 타인의 마음을 잘 읽고 공감하는 능력이 있다. 체력은 부족하지만 짧은 시간 내 집중해서 많은 일을 해내기 때문에 더 효율적이라 볼 수도 있다. 또한 한 번 하기로 한 것은 시간이 오래 걸리더라도 해내는 끈기가 있다. 목소리는 작지만, 귀는 더 열려 있어 타인의 말을 잘 들어주고 그 마음을 알아채 위로를 주고 공감을 하는 데 최적화되어 있다. 그저 나의 부족함을 수용하고, 내가 가진 장점을 더 바라보니 이제 목소리가 크고 에너지가 넘치는 사람들이 별로 부럽지 않아졌다.

세상의 모든 사람들이 목소리가 다 크다고 생각해보라. 모두 다 키가 크다면? 모두 저체중에 깡 말랐다면? 모두가 일을 빠릿빠릿 잘하는 세상은 어떨까? 모두가 공부를 잘한다면? 모두 다 똑같이 얼굴이 예쁘다면? 아마 이런 세상은 너무 괴기스럽고 아름답다고 전혀 느끼지 못할 것이다. 나는 그냥 나이기 때문에 아름답고 가치 있다. 세상 그 누구도 나와 같은 사람은 없기 때문이다. 우리는 그렇게 만들어졌다. 어느 누구도 나와 같은 생김새가 없고 나와 같은 생각을 하는 사람이 없다. 누구는 키가 크고, 누구는 키가 작다. 누구는 뚱뚱하고 누구는 날씬하다. 누구는 요리를 잘하고, 누구는 운전을 잘한다. 누구는 운동을 잘하고 누구는 글을 잘 쓴다. 누구는 주변 사람들을 잘 챙기고, 누구는 돈 버는 능력이 뛰어나다.

혹시 내가 부족하다고 생각하는가? 내가 못났다고 생각하는가? 나는 아무것도 잘하는 것이 없는 것 같은가? 그런 사람은 결코 없다. 내가 그것을 발견하지 못하고 있을 뿐이다. 나에 대한 부정적인 생각에 갇혀서 진짜 내가 가진 소중한 보물들을 보지 못하고 있는 것이다. 그것들은 내가 찾아줄 때 비로소 빛을 발한다. 막상 나의 장점, 좋은 점들을 찾기 시작하면 끝도 없이 나오는 것에 놀랄 것이다.

부족해 보이는 면도 때로는 나의 강점을 돋보이게 하는 하나의 장치가 될 수 있다. 소위 말하는 '반전 매력'이 있을 때 우리는 그 사람을 더 새롭고 다르게 보게 된다. 또한 부족하고 약해 보이는 것은 때로 사람들로부터 쉽게 공감을 이끌고, 오히려 도움을 받아 일이 더 잘 해결되는 경우도 있다. 실상 부족하다는 것이 항상 나에게 도움이 되지 않는 것은 아닌 것이다.

우리가 사는 세상에는 저마다 '이것이 옳다'고 내세우는 기준이 있다. 이 기준은 문화에 따라, 시대에 따라 달라진다. '공부를 잘해야 한다', '꼭 대학에 가야 한다', '돈을 많이 벌어야 한다' 등등……. 완전히 이 기준에서 벗어나기란 쉽지 않지만, 이 기준을 따르기 전에 나는 과연 그것을 원하는가를 반드시 돌아보아야 한다. 그렇지 않으면, 나는 세상의 기준에 맞춰 언제나 패배자가 되기 십상이다.

세상이 말하는 획일적인 성공과 부, 외모의 기준으로부터 빠져나와 진짜 나를 찾아보자. 진짜 나는 어떤 모습인가? 어떨 때 가장 많이 웃고, 어떨 때 속상한가? 어떤 일을 할 때 행복하며 내가 잘할 수 있는 일은 무엇인가? 글을 쓰고 있는 지금은 봄의 기운이 완연한 4월이다. 색색 꽃이 피어 모두 본연의 아름다움을 뽐내고 있다. 벚꽃은 벚꽃 대로 개나리는 개나리 대로 모두 그 빛깔이 아름답다. 벚꽃이 내 색은 너무 선명하지 않다며 개나리가 되려 한다면 어떨까? 개나리가 나는 더 키가 크고 싶다며 벚나무가 되려 한다면? 지금처럼 다양한 아름다움은 보지 못했을 것이다.

우리는 그저 우리 본연의 모습으로 존재할 때 가장 아름답다. 본연의 모습으로 존재한다는 것은 나의 부족함을 있는 그대로 수용하며, 나의 강점을 찾아 발전시키는 것이다. 우리는 모든 것에 완벽할 수 없으며, 그런 인간은 사실 매력적이지 않다. 적당히 부족하고, 적당히 모자란 데서 우리의 진정한 가치가 드러난다. 그러니 나의 부족함도, 나의 강점도 모두 나의 일부분임을 알고 수용해주자. 그럴 때 나는 가장 반짝반짝 빛날 것이다.

불안에 취약한 MZ세대

MZ세대란 밀레니얼 세대와 Z세대의 합성어로 1980년대부터 2010년대 초반 출생 세대를 통칭하는 말이다. 그런데 이 MZ세대가 불안하단다. 재단법인 청년재단이 2030세대 5천여 명을 대상으로 한 설문조사에서 91%가 자신의 미래에 불안감을 느끼며 산다고 응답했다. MZ세대는 지금까지의 그 어떤 세대보다 불안과 우울에 취약한 세대이다. 불안은 불확실함으로부터 오는데, 지금의 시대는 너무나 불확실하다. 실제로 위 조사에서 불안감의 이유로 가장 많은 비율을 차지한 것이 불확실한 미래였다.

  우리 부모 세대가 청년인 때는 경제 성장의 시기로, 일자리와 성공의 기회가 지금보다는 많았다. 어떤 노력을 투입해야 할지가 명확했고, 노력하면 결실을 맺는다는 확신이 있었기에 힘든 시기를 견디며 일할 수 있었다. 하지만 지금은 성장이 둔화되고 경제 불황이 지속되며 일자리와 고용 불안이 커진 상태이다. 이에 따라 노력으로 소득을 얻는 것이 아닌 주식, 비트코인 등의 투자로 인한 불로소득에 대한 관심이 높아졌으며, '경제적 자유', '파이어족' 등을 인생의 목표로 삼는 경향이 많아졌다. 착실히 노력해도 결코 가난을 피할 수 없다는 생각, 노력은 성공에 별로 중요하지 않다는 생각, 어차피 노력해도 안 된다는 '염세적' 태도가 팽배하다. 기회는 불평등하고, 계층 이동 가능성은 낮아서 이제 개천에서 용 나는 것은 낙타가 바늘구멍에 들어가는 것보다 어렵다는 생각이 든다. 어떤 노력을 기울여야 할지도 모른다. 세상은 너무 빨리 변하고 심지어 Chat GPT는 나보다 과제를 잘한다. 미래에도 나의 일자리가 있을지, 지금 이렇게 사는 것이 맞는 건지 마음 한편은 늘 불안하다.

이러한 불안은 포모신드롬FoMO syndrome으로 이어진다. 이는 자신만 뒤처지거나 소외될까 봐 불안해하고 두려워하는 증상을 말한다. 늘 무엇인가를 하면서도 '내가 잘하고 있는가?' 불안하다. 남들은 더 앞서가는 것만 같아 더 열심히 해야 할 것 같은데, 몸과 마음이 따라주지 않으면 불안은 더욱 심해진다. 사회는 유능하고 성공한 사람을 원하는데 내가 그 안에 들어가지 못할까 봐 불안한 것이다.

노력으로 성취를 이루지 못하고 실패를 반복하면 시도하기가 두려워진다. 애초에 성공하지 못할 것이라면 시도하지 말자라는 생각으로 결혼과 출산을 기피하고 심지어 연애도 잘 안 한다. 나는 많은 20대들이 이미 결혼을 하지 않을 것이며 아이도

낳지 않을 것이라고 단정적으로 말하는 데 많이 놀랐다. 본인의 일과 삶을 즐기기 위한 이유도 있겠지만 어차피 경제적으로 풍족하지 못한 결혼 생활을 할 바에야, 그렇게 고생할 바에야, 아이에게 좋은 환경을 주지 못할 바에야 결혼을 하지 않고 출산을 하지 않는 편이 낫다는 것이다. 불확실한 현실은 미래에 대한 희망과 꿈조차 모두 앗아간 것처럼 보인다.

불안하고 불확실한 시대 속에서 야속하게도 인간의 수명은 더욱 길어지고 있다. 2026년에는 평균수명이 남성 80.6세, 여성 86.5세에 달하고, 2050년에는 남녀 평균수명이 87.4세로 늘어날 것이라고 한다. 중장기 미래예측 보고서에서는 인간 수명이 150세까지 연장된다고 보기도 하였다. 아마 MZ세대는 100세는 거뜬히 사는 세대가 되지 않을까 생각한다. 대체 이 기나긴 세월을 어떻게 살아야 할까?

많은 MZ세대가 불확실한 미래보다 현재 만족감을 주는 지금의 삶에 집중한다. 불확실한 것에 노력과 시간을 투입하기보다 한탕을 노리며 복권을 사거나 때로는 무리한 투자를 하기도 한다. 또 사회 구조의 문제와 기성세대의 실패로 현재의 힘든 현실이 만들어졌다고 생각하고 구조를 탓하며 분노를 표출하기도 한다.

불확실하고 힘든 시기를 살아가는 MZ세대이지만, 나는 MZ세대가 굉장히 똑똑하고 자기의 행복을 잘 챙길 줄 아는 세대라고 생각한다. 사실 부모 세대는 다양성이 없고 획일성을 추구하는 세대였다. 자신이 무엇을 원하고 좋아하는지 생각할

겨를도 없이 사회 분위기에, 부모의 권유에 이끌려 살았고 자식만을 위해 한 평생을 희생하며 산 경우가 대부분이었다. 먹고 살기가 바빠 자신을 희생하고 자신의 꿈을 포기하기도 했다. 하지만 MZ세대는 불확실한 미래보다 현재를 살고자 한다. 자신의 삶과 가치를 중요시 여기고, 나에 집중하며 동시에 타인과 약자를 배려하며 환경을 생각하는 마음도 있다.

지금은 어느 때보다 불확실한 때이지만, 사실 우리 인생은 원래 불확실한 것 투성이다. 노력을 한다고 다 잘되는 것도 아니고, 내 힘으로 안 되는 불가항력적인 일이 언제 일어날지 아무도 모른다. 또 세상은 원래 불공평하다. 태어날 때부터 금수저를 물고 나와 돈 걱정 할 필요 없이 자란 친구들도 있고, 좋은 머리를 타고나서 노력 대비 성과가 좋은 사람도 있다.

이때 내가 이것을 어떻게 받아들일 것인가는 나의 선택이다. 불확실한 미래와 불공평한 세상에서 구조와 사회와 신을 탓하며 아무것도 하지 않은 채 살아갈 것인지, 그럼에도 나의 행복을 찾아 살아갈 것인지는 나의 몫이다. 억울하고 분한 생각도 들지만 나의 처지를 탓하는 것은 오히려 나를 불행하게 만든다. 그럼에도 나는 행복을 선택해 살아갈 수 있다.

미래에는 의사, 변호사가 없어질 직종으로 꼽히기도 한다. 사회의 탄탄한 상위 계층도 결코 불확실성에서 자유롭지 못하다. 그래서 불확실한 미래를 준비하고 예측하는 것도 중요하지만, 이제는 내가 원하는 일은 어떤 일인지, 어떤 것을 할 때 행복하고 만족감을 느끼는지, 결코 사회나 부모의 요구가 아닌

'나'의 만족과 행복을 찾는 것이 훨씬 더 중요하다. 내가 좋아하고 나만이 잘할 수 있는 일을 하면 결과에 상관없이 일하는 모든 과정이 행복해진다. 또한 일하면서 얻는 만족감은 어렵고 힘든 과정을 견디게 하고 이는 꾸준히 할 수 있는 동력으로 작용해 성공할 확률을 높인다.

MZ세대는 어느 때보다 불안한 청년기를 지나고 있지만 어느 세대보다 이 불안을 극복하고 자신만의 행복을 찾아 살아갈 세대라고 생각한다. 지금도 충분히 잘하고 있고, 앞으로도 더 잘 살아갈 수 있다. 가장 소중한 것은 이 세상에서 인정받고 성공하는 것이 아니라 나 자신의 행복과 건강이다. 그러니 타인과 나를 비교하고 저울질하기보다 나 자신을 찾고 내가 좋아하는 일을 하자. 또한 그것을 통해 나 자신뿐 아니라 타인을 도울 수 있는 삶을 살 수 있다면 누구보다 행복한 삶을 살아갈 수 있을 것이다. MZ세대의 청년기, 그리고 인생 전체를 마음 가득 응원한다.

생각은 태도를 만들고 태도는 현실이 된다

인생을 살면서 누구에게나 피할 수 없는 고통스러운 순간들이 찾아온다. 우리 인생은 결코 내 생각 대로만 흘러가지 않는다. 크고 작은 인생의 문제들이 끊임없이 나타나 나를 괴롭힌다. 내 계획 대로 되지 않고 자꾸 어그러지거나, 예상치 못한 일이 발생하면 내 인생은 잘못되고 있다고 느끼고 부정적인 마음이 올라온다. "왜 나에게만 이런 일이 일어나는 걸까?", "나는 최선을 다했는데, 내 노력이 다 물거품이 되어버렸어.", "내 인생은 잘 풀린 적이 없어."와 같이 비관적인 생각이 가득해진다.

이렇게 힘든 일이 닥쳤을 때, 얼마간 슬퍼하고 우울해하는 것은 당연하다. 그러나 이 감정이 부정적 생각을 만들어내고 부정적 태도로까지 이어지게 두어선 안 된다. 그 감정들을 온전히 수용하고 받아주어서 그 감정과 생각들이 자연스레 지나갈 수 있게 해야 한다.

이제는 전 국민이 좋아하는 외식사업가가 된 백종원 대표는 한 프로그램에서 소상공인 사업자들에게 실질적인 조언과 꾸중을 아끼지 않으며 그동안의 경험을 모두 전수해주었다. 그는 전국에 수백 개의 가맹점을 보유한 성공한 사업가이다. 그런데 백종원 대표는 사실 17억 원의 빚을 지고 극단적인 생각을 했었다고 한다. 지금도 큰돈인데, 당시에는 17억의 빚이라고 하면 희망이 보이지 않았을 것이다. 그래서 백종원 씨는 마지막이라는 생각으로 홍콩으로 갔다. 그때 그는 인생의 마지막에 맛있는 음식을 먹어야겠다 마음먹고 홍콩의 한 식당을 가게 된다. 그런데 거기에서 음식을 먹다가 사업에 대한 아이디어가 문득 떠올라 마지막으로 이거 하나만 해보자는 마음으로 다시 한국으로 돌아와 사업을 시작했고, 그렇게 시작한 사업은 점차 번창해 지금의 '백종원'이 된 것이다.

사실 이런 예들은 무수히 많다. 농구계의 전설 마이클 조던은 실력이 부족해 농구팀에서 방출되었고, 스티브 잡스는 자신이 설립한 회사에서 버림받아 우울증을 앓기도 했다. 스티비 원더는 가난한 집에서 시각을 잃은 흑인으로 태어났지만 전설적인 가수가 되었고, KFC의 창업자 커넬 샌더슨은 20대에서 60대까지 몇 차례 재산을 탕진하였으나 이에 굴하지 않고 계속된 도전 끝에 70대에 프랜차이즈 사업을 성공시켰다.

만약 이들이 현실적인 조건이나 반복된 실패에 굴하여 다시 도전하고 시도하지 않았다면, 지금과 같은 업적은 이룰 수 없었을 것이다. 반대로 오히려 이러한 시련과 위기가 이들을 성공할 수 있게 만든 것이기도 하다. 대부분의 큰 성과를 낸 사람들에게는 실패와 절망의 스토리가 있다. 실패를 거듭하여 그 안에서 배우고 성장하여 더 큰 성과를 이뤄낼 수 있었던 것이다. 실패의 스토리가 없는 사람의 성공기는 어딘가 심심하고 재미가 없다.

지금의 상황이 암담하고 불행해 보일 때, 남들은 다 잘 나가는 것 같은데, 나만 수렁에 빠져 있는 것 같을 때, 그때가 바로 기회이다. 꼭 대단한 기회가 찾아오지 않더라도 괜찮다. 나쁜 상황만 언제까지 지속되는 법은 없다. 인생에 절망만 있을 순 없다. 모든 것이 성취되는 것처럼 보일 때가 있고, 그러다가 또 어렵고 힘든 일이 생기기도 한다. 그러니 지금의 상황만을 가지고 "내 인생은 틀렸어", "나는 실패자야", "희망이 없어"라고 단정짓지 말기를 바란다.

'부정적인 마음'은 우리를 '부정적인 생각'에 가두고 그 생각은 '부정적 태도'를 만든다. 그렇게 되면 삶은 온통 부정적 현실로 가득차게 된다. 이 암담한 현실이 바뀌지 않을 것이라 생각하니 무기력해지고 의욕이 생기지도 않는다. 한숨만 나오고 아무것도 하기 싫은 날들이 반복된다. 물론 상황이 많이 힘들고 어려울 때는 단숨에 극복하는 것이 쉽지 않다. 우울하고 불안하고 다 그만두고 싶다면 그 마음은 온전히 모두 인정해주고 위로해주되 부정적인 생각에 잠식되지 않도록 해야 한다.

17억 원의 빚을 졌던 백종원 씨에게 문득 희망이 찾아왔듯, 누구에게나 한 줄기 빛은 찾아오기 마련이다. 모든 상황은 변하기 마련이다. 반드시 좋아질 것을 믿고 묵묵히 노력하고 다시 도전할 때 반드시 기회는 온다. 그래서 지금은 불완전해 보일지라도 우리의 모든 삶은 완벽하고 삶은 우리에게 가장 좋은 것을 준비해놓고 있다. 실패와 고난 또한 우리 삶의 한 페이지이자 역사의 스토리가 되는 것이다.

내가 한의대 편입 시험을 준비하며 힘들 때 나에게 위로가 된 맹자의 글귀가 있다. '하늘이 장차 어떤 사람에게 큰 임무를 내리려 할 때에는 반드시 먼저 그 마음을 지치게 하고 그 몸을 수고롭게 하고 굶주림에 시달리게 하며 그 생활을 궁핍하게 하여 하는 일마다 어긋나게 하느니라. 이는 그의 마음을 인내하는 성품으로 바꾸어 능히 할 수 없던 일도 할 수 있게 하기 위함이니라.' 지금 힘들고 어려운 상황 속에 있다면, 더 좋은 일이 찾아오기 위한 준비를 하는 것이라 생각해보자. 역경 없는 성공은 결코 없다.

오늘은 최고의 하루다

보통 불안과 우울에 빠져 있는 사람들은 부정적 확언을 반복한다. '내 인생은 잘못됐어.', '앞으로도 잘 될 가능성이 없어.'와 같은 생각을 끊임없이 되뇌인다. 과거의 부정적인 경험이 걱정을 만들고 이것이 뇌에서 반복, 강화되면서 패턴화된 것이다.

   뇌의 신경 회로 중 부정적 생각을 하는 곳이 지속적으로 활성화되면 충분히 긍정적으로 받아들일 만한 상황에서도 모든 것을 부정적으로 해석하고 비합리적인 생각을 반복하게 된다.

   긍정 확언은 이러한 신경 회로의 패턴을 반대로 바꿀 수 있는 좋은 기술이다. 부정적 신경 회로를 긍정적 생각을 강화하는 쪽으로 바꾸는 것이다. 긍정적인 믿음을 강화하는 말을 반복적으로 되뇌이면 뿌리 깊은 무의식을 긍정적으로 변화시킬 수 있다. 물론 후천적으로 무의식을 바꾸는 것은 쉬운 일은 아니다. 어릴 때의 양육 환경과 경험, 사건으로부터 만들어진 부정적 무의식은 그리 쉽게 바뀌지 않는다. 하지만 반복과 새로운 경험을 통해 극복할 수 있다. 긍정 확언은 그동안 부정적으로 생각해 왔던 것을 긍정적 생각으로 바꾸어 반복함으로써 무의식을 점차 변화시킨다. 이런 작업을 통해 뇌는 구조적으로 변화한다. 이를 '신경가소성'이라 하는데, 무엇을 생각하고 어떤 자극을 주는지에 따라 뇌는 끊임없이 달라질 수 있다는 것이다. 뇌에 긍정적인 생각을 반복적으로 주입하면 긍정적인 생각과 감정을 느끼는 뇌의 신경 세포가 살아나고 시냅스 연결이 강화되어 점차 긍정적 생각을 떠올리는 것이 쉬워진다. 이에 따라 부정적인 생각과 감정의 회로가 차단되고 약화된다.

긍정 확언을 반복하면 생각과 감정이 긍정적으로 변화되고 이는 삶에 대한 태도를 변화시키며 결국 우리 삶 전체를 변화시킬 수 있다. 사람은 생각하는 대로 행동하고 반응하기 때문이다. 현재 감사한 일이 많으며 앞으로도 좋은 일이 계속될 것이라 믿는 사람에게는 실제로 그러한 삶이 펼쳐질 확률이 높다. 그러나 매사 부정적이며 앞으로의 삶도 별로 달라질 게 없다고 믿으면 삶이 좋아질 가능성이 현저히 낮아진다. 지금까지는 자동적으로 부정적인 생각만 해왔다면 이제는 긍정 확언을 통해 점차 뇌의 회로를 변화시켜보자.

긍정 확언은 내가 원하는 삶에 대해 부정적 단어를 사용하지 않고 낙관적인 말만 사용하여 문장을 만들어 이 문장을 반복하는 것이다. 부정적 단어를 사용하는 순간 우리 뇌는 그것을 사실이라고 인식하고 부정적인 것에 초점을 맞추기 때문이다. 또한 미래형이 아닌 그것이 실제 이루어진 것처럼 현재형으로 만든다. 내용은 단조롭기보다 구체적일수록 더욱 좋다. 다음과 같은 문장을 만들어 매일 반복해 읽어본다.

- 내 몸과 마음은 건강해지는 길로 들어섰다.
- 나는 매일매일 더 나아지고 있다.
- 오늘은 최고의 하루이다.
- 나를 사랑해주는 사람들과 세상 모든 것이 나를 치유로 이끌고 있다.
- 세상 모든 것이 나를 돕고 있다.

이처럼 단어 하나하나를 긍정적이고 낙관적인 것으로 선택하여 뇌에 긍정적인 자극을 반복해주는 것이 좋다.

긍정 확언은 매일 반복하며, 한 달만 해봐도 변화를 느낄 수 있다. 자기 전, 아침에 일어난 직후 의식이 명료해지기 전에 해야 뇌에 가장 잘 각인시킬 수 있다. 처음에는 잘 믿기지 않고 의미없는 행동처럼 느껴질지라도 포기하지 말고 시도해보자. 점차 감사한 일이 많아지고 삶을 대하는 태도가 변화될 것이다.

감정은 늘 옳다

어린 시절, 크리스마스가 되면 꼭 부르는 노래가 있었다. "울면 안 돼! 울면 안 돼! 산타 할아버지는 우는 아이에겐 선물을 안 주신대요." 하지만 나는 이 노래를 좋아하지 않았다. 내가 매우 잘 우는 아이였기 때문이다. 내가 울고 싶어서 우는 것도 아니고 우는 것만 해도 서러운데 선물까지 안 준다고 하니 더 억울했다. 대부분의 부모는 아이가 우는 것을 별로 좋아하지 않는다. 우는 데에는 다 이유가 있을 텐데 무조건 울지 말라고 한다. 그때부터 아이들은 슬프고 짜증나고 화나는 것은 좋은 감정이 아니며 느끼지 않는 것이 좋다고 학습한다.

나는 아이들이 부정적인 감정이라도 오히려 화내고 울고 짜증을 낸다면 앞으로의 예후가 훨씬 좋다고 본다. 감정들이 보이니 감정을 알아주고 감정의 원인을 찾아 해결하면 되니 말이다. 하지만 부정적 감정이 수용되지 않는 경험이 반복되면서 감정을 드러내면 좋지 않다는 것이 학습되어 아예 감정 자체가 보이지 않는다면, 그것을 끌어내는 것이 훨씬 어려워진다. 속은 썩어 들어가고 있지만, 겉으로는 멀쩡해 보이는 것이다. 이런 상태가 지속되면 나중에는 결국 더 큰 문제가 나타난다.

한의학적으로 보면 오장에 감정이 배속되어 있다. 간은 분노를, 심장은 기쁨을, 비장은 생각을, 폐는 슬픔을, 신장은 두려움을 주관한다. 실제로 이런 감정들에 따라 각 장부의 건강 상태가 좋아지기도, 나빠지기도 한다. 이 감정들이 조화롭게 나타난다는 것은 몸과 마음이 건강하다는 뜻이다. 항상 화만 내는 것도 질병을 만들지만, 항상 기쁘기만 한 것도 그리 좋은 것은 아니다. 우리의 모든 감정은 자연스러운 것이다. 감정이 일어났을 때 그 감정을 있는 그대로 수용해준다면 감정들이 제자리를 찾게 되고, 건강한 몸과 마음 상태를 유지하게 된다.

'인사이드아웃'이라는 영화는 우리가 감정을 어떻게 이해하고 느껴야 하는지 모두 담고 있는 아주 좋은 영화이다. 영화에는 감정을 표현하는 다양한 캐릭터들이 나온다. 주인공 라일리의 내면에 사는 감정들이다. '기쁨이', '슬픔이', '분노', '역겨움', '소심함'의 다섯 캐릭터가 나오고, 기쁨이와 슬픔이가 주 감정으로 그려진다. 기쁨이는 주인공 라일리가 항상 기뻐해야만 한다고 말하며 슬픔이를 밀어내려 한다. 하지만 정작 누군가 힘들 때 위로해 주었던 것은 슬픔이었고, 또 결정적으로 기쁜 순간에는 슬픔이가 함께였다. 어린 시절 기억에서 라일리의 하키팀이 패배하였을 때, 슬픔을 겪는 라일리를 가족들과 팀원들이 위로해 주게 되고, 이것이 라일리가 기쁨을 느꼈던 핵심 기억 중 하나로 보여진다. 영화가 끝날 때에는 기쁨이가 슬픔이를 밀어내지 않고 슬픔이를 인정하며 받아들이게 된다.

슬픔도, 기쁨도 좋고 나쁜 감정이 아니다. 우리가 부정적으로 느끼는 모든 감정이 사실 우리를 더욱 풍요롭게 한다. 살다 보면 조금 슬픈 날도 있고, 조금 우울한 날도 있고, 화가 날 때도 있고, 짜증 날 때도 있다. 힘들 때는 조금 울어도 괜찮다. 그것이 부끄러운 것도, 창피한 것도, 감춰야 할 것도 아니다. 오히려 그것을 억누를 때 해결되지 못한 감정이 쌓여 마음의 병을 만드는 것이다. 하지만 무의식적으로 부정적 감정을 억누르는 습관이 있는 경우가 많다. 사실 부정적 감정을 대면하는 것이 그리 유쾌한 일은 아니기 때문이다. 하지만 부정적 감정을 느껴주지 않고 억누르거나 밀어내기만 한다면, 오히려 그 감정에서 자유로울 수 없게 된다.

모든 감정을 어떠한 판단 없이 있는 그대로 바라봐 주고 느끼도록 하자. 우울한 마음이 올라올 때, "난 왜 이럴까, 왜 또 우울하지, 뭐가 문제지." 하고 부정적으로 바라보는 것이 아니라 "내 마음이 우울하네, 그럴 수 있지, 이런 상황에서는 우울한 게 당연해. 괜찮아."라고 바꿔보자. 감정에는 틀리고 잘못된 법은 없다. 감정은 항상 옳으며 그래서 수용해 주어야 한다. 무의식적으로 내가 부정적 감정을 억누르고 있지 않은지 잘 들여다보며 이제 그 감정까지 모두 끌어안아주자. 어느 순간 기쁨, 슬픔을 모두 끌어안고 행복해진 자신을 발견할 수 있을 것이다.

------ 마음처방전 ------
마음 치료의 재료가 되는 리소스 찾기

인간은 누구나 자기만의 리소스를 가지고 있다. 리소스란 한 인간이 가진 모든 자원을 뜻한다. 선천적으로 주어진 것과 후천적으로 개발한 모든 것을 포함한다. 리소스에는 성격·기질·건강·신앙·재능·취미·경험 등의 내적 리소스, 자연환경·사회문화 환경·주거·고향 등의 외적 리소스, 가족·친구·동료·애인·동아리모임·동호회 등의 인간관계 리소스가 있다.

리소스는 심리적 문제를 해결하는 데 상당한 역할을 한다. 『유능한 상담자의 심리치료』의 저자 스콧 밀러는 심리치료의 효과를 발휘하는 데 환자 본인이 가진 리소스가 40%, 치료자의 성향이 30%, 심리치료 기법이 15%, 위약효과가 15% 순으로 중요하다고 말했다. 같은 심리치료를 받더라도 리소스가 다양하고 풍부한 환자의 경우에 그 효과가 더 크다는 것이다. 불안장애가 있더라도 나를 지지해주고 격려해주는 가족, 친구들이 있거나, 원하는 일을 하면서 보람을 느끼는 경우 등에는 심리치료를 받았을 때 효과가 높아지고, 불안을 극복할 확률도 높다. 반면, 리소스가 거의 없는 경우에는 심리적으로 안정적이기 어렵다.

그런데 불안하고 우울한 상태에서는 본인의 리소스가 있음에도 잘 발견하지 못한다. 보통 본인이 갖지 못한 것, 부족한 것, 단점을 크게 생각하고 본인의 능력, 성격적인 장점, 재능, 주변 환경 등을 잘 보지 못하기 때문이다. 리소스가 아예 없는 사람은 없다. 많고 적고의 차이는 있을 수 있지만 누구나 내적, 외적으로 소중한 자원들을 갖고 살아간다. 이 자원을 찾고 충분히 누릴 수 있으면 불안은 더욱 쉽게 극복할 수 있다.

지금, 내가 가진 리소스를 떠올려보고 적어보자.

(M&L 심리치료 제공)

내적 리소스

나의 성격, 기질, 건강, 신앙, 재능, 취미, 개인적 경험 등 나에게 만족과 행복을 주는 다양한 내적 자원들이다.

예) 외유내강, 따뜻함, 끈기, 열정, 이타심, 공감능력, 책임감

외적 리소스

자연환경, 주거, 고향, 사회문화적 환경, 특별한 장소 등 나를 둘러싼 환경 중 나에게 안정감과 편안함, 즐거움을 주는 외적 자원들이다.

예) 집 뒷산 산책로, 직장 근처 조용한 카페, 어릴 적 놀던 고향집

인간관계 리소스

가족, 친구, 동료, 애인, 동아리, 동호회 모임 등 나를 지지해주고 내 편이 되어주는 사람들이다.

예) 가족들, 10년 된 죽마고우, 대학 동기들, 테니스 동호회 회원들

적어보니 어떤가? 내가 가진 것에 더 집중하면 감사하는 마음이 올라옴과 동시에 부정적인 생각들이 점차 사라질 것이다.

스마트폰 Free!

출퇴근길의 지하철에서는 모두가 스마트폰을 보고 있다. 간혹 책을 보는 사람도 있고, 담소를 나누는 사람도 있지만 대부분 스마트폰으로 게임을 하거나, 영상을 시청하거나, SNS를 보고, 뉴스를 검색한다. 지하철이라는 좁은 공간에서 할 수 있는 일에 한계가 있기 때문에 스마트폰을 보는 것일 수도 있겠지만, 많은 현대인들이 스마트폰 중독 상태이다. 학업이나 업무할 때를 제외하고 휴식시간, 혼자 머무르는 시간에는 대부분 스마트폰을 보는 데 시간을 보낸다. 이렇게 스마트폰이 없으면 불안감을 느끼는 상태를 뜻하는 말로 '노모포비아 No Mobile-phone Phobia'라는 신조어도 생겼다.

 스마트폰은 텔레비전의 진화 버전이다. 텔레비전과 스마트폰은 모두 우리가 능동적인 행위를 하기보다 수동적으로 주어지는 정보를 받아들이게 한다. 물론 스마트폰을 통해 다양한 적극적인 활동도 할 수 있지만, 대부분 스마트폰을 통해 하는 것들은 영상 시청이나 SNS 눈팅 등 수동적인 활동들이다. 예전에는 커다란 텔레비전을 온 가족이 나눠봐야 하고, 공간적, 물리적, 시간적 제약으로 일정 시간만 텔레비전을 봤다면, 지금은 마음만 먹으면 하루 종일 스마트폰을 볼 수 있는 시대이다. 스마트폰을 여는 순간 오감을 자극하는 온갖 정보들과 영상이 쏟아져 들어온다. 스마트폰은 매우 즉각적인 만족과 쾌락을 준다.

이렇게 스마트폰이 주는 즉각적인 쾌락에 빠져 스마트폰을 보는 시간이 길어지면 불면, 시력 저하, 대인관계 단절 등의 문제뿐 아니라 정서적 문제가 발생한다. 스마트폰에 중독된 사람은 마약성 진통제인 옥시코돈을 복용하는 사람과 같은 뇌의 변화가 생겨 우울해지거나 불안해질 가능성이 높다는 연구결과가 있다. 실제로 다른 많은 연구를 통해 스마트폰 중독과 우울, 불안의 상관성이 높음이 알려져 있다. 또한 스마트폰에서 울리는 끊임없는 알림은 교감신경을 항진시켜 늘 신경을 곤두서 있게 하고 긴장을 만들어 이완과 안정을 방해한다.

이처럼 스마트폰 중독은 우울과 불안을 유발하고 악화시키지만, 반대로 우울하고 불안한 사람들이 쉽게 스마트폰 중독에 빠지기도 한다. 이는 스마트폰이 머릿속에 떠오르는 수많은 걱정과 불안, 불쾌한 감정들로부터 당장은 벗어날 수 있게 해주기 때문이다. 그러나 장기적으로는 오히려 더 큰 무기력과 우울, 불안을 만든다.

우리는 반드시 어떠한 방해도 받지 않는 온전한 나만의 시간을 가져야 한다. 스마트폰을 잠시 내려놓고 온전히 나에게 집중하는 시간을 가져보자. 처음에는 아무것도 하지 않는다는 게 어색하고 오히려 더 불안할 수도 있다. 그러나 꾸준히 시간을 내어 나와의 시간을 갖다 보면, 스마트폰이 줄 수 없는 평안과 안정감을 누릴 수 있게 된다.

　나만의 시간을 갖는 것이 처음이라면 보다 적극적이고 주도적인 활동을 하는 것이 좋다. 독서와 글쓰기를 추천한다. 대단히 어렵고 두꺼운 책을 읽거나 심오한 글쓰기를 할 필요는 없다. 서점이나 도서관에 가서 나에게 가장 흥미로운 주제의 쉬운 책을 골라 읽으면 된다. 책을 읽는 행위는 수동적인 것 같지만 매우 적극적으로 두뇌를 사용하는 행위이다. 글을 읽으며 기존의 지식과 경험들이 떠오르며 통합된다. 책을 읽는 동안 두뇌의 신경회로는 활발하게 움직인다. 새로운 신경세포를 만들고, 기존 연결이 강화된다. 글쓰기는 책을 읽는 것보다 한 단계 더 적극적이다. 글을 쓴다는 것은 떠돌아다니는 생각들을 눈에 보이게 만드는 것이다. 글을 쓰며 내가 의식하지 못했던 나의 마음과 생각이 수면 위로 떠오르기도 한다. 글쓰기 또한 처음에는 일기나 간단한 에세이로 나의 생각을 자유롭게 쓰는 것이 좋다. 남에게 보여주지 않아도 되는 글을 편안한 마음으로 써보자.

　내가 독서와 글쓰기를 추천하는 이유는 무엇보다 이 행위들이 '나'를 탐구하기 좋은 행위이기 때문이다. 독서와 글쓰기를 하면 끊임없이 '나'에 대해 생각하고, '나'의 마음을 들여다보기 때문에 나의 정체성이 뚜렷해진다. 내가 누구인지, 현재 나의 감정이 어떤지, 어떤 생각을 하는지 명확하게 알면 불안과 우울이 줄어든다.

독서와 글쓰기가 부담스럽다면 산책을 하거나 취미 활동을 갖는 것도 좋다. 어떤 활동이든지 좋다. 모든 활동이 내가 누구인지를 알아가는 데에 도움이 된다. 요리, 운동, 꽃꽂이, 악기 배우기, 목공, 베이킹 등 적극적으로 내 몸을 쓰고 마음을 들여 어떤 것이든 해보자.

이렇게 내가 주도적으로 선택하여 어떤 행위를 꾸준히 지속하면 자아존중감과 자기효능감을 기를 수 있고, 자신감도 생긴다. 또한 자신에 대해 명확하게 알게 되어 불안감을 낮출 수 있고 나만의 생각을 다져서 외부의 소리에 따라 끌려가는 삶이 아닌 내가 원하는 삶을 살아갈 수 있다.

긴장을 풀어주는 호흡하기

호흡은 스스로 신체를 조절하여 긴장된 몸과 마음을 가장 빠르게 이완할 수 있는 방법이다. 평소 의식하지 않을 때도 우리는 호흡을 끊임없이 한다. 뇌와 자율신경에 의해 호흡이 알아서 조절되기 때문이다. 그러면서 또한 의도적으로 호흡을 조절할 수도 있다. 잠시 동안 호흡을 멈출 수도 있고, 호흡을 짧게 할 수도, 길게 할 수도 있다. 그래서 유일하게 자율신경을 조절할 수 있는 것이 호흡이기도 하다. 숨을 들이쉴 때는 교감신경이 활성화되며, 숨을 내쉴 때는 부교감신경이 활성화된다. 몸과 마음의 이완을 위해서는 우리 몸을 안정상태로 만드는 부교감신경의 활성화를 위해 내쉬는 숨을 길게 하는 것이 좋다. 호흡은 불안을 효과적으로 감소시킬 뿐 아니라 스트레스 완화, 면역력 강화, 혈압 감소, 체지방 감소 등의 다양한 효능이 있다고 알려져 있다. 한의학의 양생법(몸을 기르는 법)인 기공요법에서는 조신(몸을 조절함), 조식(호흡을 조절함), 조심(마음을 조절함)을 목표로 하는데 역시 몸과 마음과 함께 호흡을 조절할 것을 강조하고 있다.

호흡법은 간단하면서 쉽고 공간의 제약을 받지 않기 때문에 환자들에게도 꼭 권하는 방법이다. 일상을 살며 마음이 불안할 때, 이동 시간에 지하철 안에서, 잠이 오지 않을 때, 자기 전 침대에 누워서 어느 때든 호흡을 해보자.

4-7-8호흡

4-7-8호흡은 이완을 위해 최적화된 호흡법이다. 다음의 과정을 따라 천천히 호흡을 따라 해보자.

① 방해받지 않는 편안한 공간에서 바른 자세를 하고 앉거나 누워 눈을 감는다.
② 한 손은 가슴 위에 올리고 다른 한 손은 배 위에 올린다.
③ 가슴 위에 올린 손은 움직이지 않고 배 위에 올린 손만 움직이도록 복식 호흡을 한다.
④ 4초 동안(넷을 세며) 코로 천천히 숨을 들이마신다.
⑤ 7초 동안(일곱을 세며) 호흡을 잠시 멈춘다.
⑥ 8초 동안(여덟을 세며) 입으로 천천히 숨을 내쉰다.
⑦ 위 과정을 반복한다.

호흡은 주로 쓰이는 근육에 따라 흉식호흡과 복식호흡으로 나눌 수 있다. 흉식호흡은 목과 가슴 부위의 근육을 사용하는 호흡으로 소흉근과 사각근, 흉쇄유돌근 등의 근육을 주로 사용하여 호흡하는 것이다. 반면 복식호흡은 횡격막과 늑간근을 사용하여 배가 부풀고 몸통 전체가 쓰이는 호흡법이다. 흉식호흡은 사실 격한 운동을 할 때나 위급한 긴장 상황에서 보조적이고 일시적으로 쓰이는 호흡이다. 그런데 자세가 구부정해지거나 늘 긴장상태인 경우 복식 호흡 대신 흉식호흡을 하게 된다.

  흉식호흡을 하면 복식호흡을 할 때보다 호흡량이 부족해지고 이는 과호흡을 유발하기도 하며 온몸으로 산소가 충분히 공급되지 못하게 된다. 이로 인해 각종 신체적, 정신적 증상이 발생할 수 있다. 복식호흡은 반대로 충분한 호흡량으로 산소와 이산화탄소의 교환이 원활하게 일어나며 온몸 구석구석 모든 세포에 충분한 산소공급으로 세포 기능이 회복된다. 또한 부교감신경의 활성화로 몸과 마음이 안정되는 효과를 얻을 수 있다.

  평소 하고 있던 호흡을 벗어나 의도적으로 호흡을 바꿔본다. 호흡을 바꾸기 전, 현재 내 호흡을 천천히 바라본다. 대부분 깊지 않고 얕으며 호흡속도가 빠른 흉식호흡을 하고 있었을 것이다. 현재의 호흡을 알아차린 후 의도적으로 호흡을 달리 해본다.

  횡격막을 아래로 내린다는 생각으로 천천히, 그리고 깊이 숨을 들이쉰다. 숨을 들이쉴 때는 반드시 코로 들이쉰다. 횡격막 근육이 늘어나는 느낌을 느껴본다. 가슴이 아닌 배가 부푸는 것도 느껴본다. 숨이 코를 통해 들어와 온몸으로 뻗어나간 다고 상상해본다. 내쉴 때는 입으로 천천히 내쉰다. 들이쉴 때보다 더 천천히, 최대한 가늘고 길게 내쉰다. 횡격막이 다시 위로 올라오고 배가 홀쭉해지는 것을 느껴본다. 숨이 입으로 빠져나올 때의 느낌도 느껴본다.

의도적으로 호흡을 조절하지 않고 현재 편안한 상태에서 내 호흡을 가만히 바라본다. 어떤 속도로 하고 있는지, 숨은 내 몸 안에 어디까지 들어가는지, 숨이 들어올 때 코에 느껴지는 숨의 온도, 냄새, 습도, 느낌 등을 가만히 느껴본다. 가슴과 배는 어떻게 부풀고 줄어드는지도 느껴본다. 이때 가장 중요한 것은 판단하거나 평가하지 않는 것이다. '내가 지금 잘하고 있는 것인가? 못하고 있는 것인가?', '이게 도움이 되는 게 맞나?'와 같은 생각을 하지 않도록 주의한다. 만약 이와 같은 생각이 든다면 이 생각을 하고 있는 것을 알아차리고 다시 호흡으로 돌아온다.

처음 호흡을 연습하면 오히려 몸에 힘이 들어간다거나, 이완이 되지 않고 더 각성이 된다거나, 복식 호흡이 잘 되지 않는 경우들이 생긴다. 이는 그동안 흉식호흡을 오래 해왔기 때문이다. 흉식호흡을 복식호흡으로 바꾸는 과정에서 평소 사용하지 않던 근육을 써야 하기 때문에 오히려 불편함을 느끼는 것이다. 또한 호흡을 너무 잘 하려는 마음이 오히려 호흡을 방해한다.

처음에는 호흡법이 익숙하지 않고, 어색하기 때문에 어려운 것이 당연하다. 자신이 할 수 있는 만큼만 하며 굳이 잘하려 할 필요는 없다. 꾸준히 반복하면 호흡이 점차 깊어지고 안정 상태에 접어들 수 있다.

마음을 챙기는 몇 가지 방법

나의 마음은 지금 어디를 향해 있는가?

우리는 아침부터 저녁까지 매우 바쁘게 살아간다. 몸도 쉬지 않고 일하지만 마음도 늘 분주하다. 내 마음은 무엇 때문에 분주한 것일까? 우리의 분주한 마음을 채우는 것은 보통 과거에 대한 후회, 미래에 대한 걱정이다. 그러니 가만히 쉬지를 못한다. 오히려 가만히 있으면 생각이 더 많아져서 무언가를 해야 안심이 된다. 몸이 움직여지지 않을 때는 유튜브나 넷플릭스를 보며 분주한 마음을 달래보려 한다. 하지만 그러는 동안에도 마음은 왜인지 늘 불안하다.

행위Doing 모드와 존재Being 모드

우리가 불안한 이유는 '자동적'으로 무엇인가를 늘 '하면서' 살아가기 때문이다. 내가 무엇을 하는지도 모른 채로 바쁘게 사는 것은 불안을 유발한다. 끊임없이 세상은 더 열심히 일해야 하며, 돈을 더 많이 벌어야 한다고 하며, 더 좋은 대학에 들어가야 한다고 말한다. 내 주변의 사람들은 늘 나보다 잘난 것 같고 나는 뒤처지지 않기 위해 더 애쓰게 된다. 이를 '행위 Doing 모드'로 살아간다고 말한다.

이에 비해 '존재Being 모드'는 평가나 판단을 멈추고 온전히 지금, 이 순간에 머무르며 사는 것을 말한다. 존재 모드로 살 때는 고려 대상이 지금, 현재밖에 없다. 과거에 대한 후회도 없고, 미래에 대한 걱정도 없다. 밥을 먹을 때는 온전히 밥을 먹는 것에만 집중하며, 길을 걸을 때는 걷는 순간만 의식한다. 밥과 반찬의 맛을 충분히 음미하고 느끼며, 밥을 먹을 수 있는 지금 이 순간에 감사한다. 길을 걸으며 보이는 건물, 사람, 꽃, 나무, 풍경들을 바라본다. 바람의 감촉과 땅에 닿는 발의 느낌을 그대로 느끼며 걷는다. 쏟아지는 햇살을 맞을 때 느낌도 그대로 느낀다. 일을 할 때는 결과에 대한 생각 없이 그 일 자체에 집중해서 일한다. 이것이 존재 자체로 사는 것이다.

1. 마음챙김 - 지금, 여기에 머물기

마음챙김은 존재 모드로 살아가는 것이다. 자동적으로 무엇인가에 이끌리는 것이 아닌, 매 순간 판단하지 않고 깨어 있는 상태로 마음을 유지하며 현재 순간에 주의를 기울인다. 깨어 있다는 것은 현재 자신이 무슨 생각을 하고 있는지, 어떤 감정을 느끼는지, 어떤 행동을 하고 있는지를 알아차릴 수 있다는 것이다. 깨어 있지 않으면 대부분은 무의식에 이끌려 불안하거나 우울한 감정에 휩쓸리거나, 하고 싶지 않은 선택을 한다거나, 원하지 않은 일을 하며 살게 된다. 깨어서 자신의 감정과 생각을 알아차리고 있는 그대로 바라보는 것만으로 불안을 크게 줄일 수 있다. 감정에 휩쓸리지 않고 감정을 조절하며 살게 된다. 과거나 미래가 아니라 온전히 현재에 머물며 현재 나에게 주어진 많은 것들을 충분히 누리며 살게 된다.

2. 마음챙김의 방법

마음챙김은 현재 몸과 마음의 상태를 알아차리고, 의도적으로 몸과 마음을 가만히 바라보고 느끼며, 체험한 것을 있는 그대로 받아들이는 과정으로 진행한다.

예) "자려고 침대에 누웠는데 갑자기 심장이 빠르게 뛰면서 불안한 마음이 들었어요. 심장이 왜 또 빠르게 뛰는 거지? 걱정이 되고 내일 중요한 일이 있는데 잠을 못 자게 될까 봐 더 불안해졌어요."

1) 알아차림

불안한 현 상태를 알아차린다. "심장이 두근거리고 있구나", "마음이 불안하네", "내일 있을 일에 대해 걱정이 드네"와 같이 몸과 마음에서 느껴지는 것들에 대해 하나하나 인식하고 알아차린다.

2) 가만히 바라보기 & 느끼기

두근거리는 심장에서는 어떤 느낌이 느껴지는지 가만히 느껴본다. 심장으로 의식을 가져와 심장이 빠르게 뛰는지, 느리게 뛰는지, 뛸 때의 느낌은 어떤지 등을 호기심 어린 태도로 가만히 느껴보고 관찰한다. 불안은 어떻게 느껴지는지 느껴본다. 감정 속에 파묻히는 것이 아니라 감정과 나를 분리시켜 감정이 어떤 모습인지 가만히 바라본다. 올라오는 생각들도 마찬가지로 가만히 지켜본다. 생각이 어떻게 올라와서 어떻게 없어지는지 가만히 관찰한다.

3) 있는 그대로 받아들이기

위 과정을 진행하며 느껴지는 모든 것에 대해서는 판단하고 평가하지 않고 있는 그대로 받아들인다. 불안이 올라오자마자 '불안감을 빨리 없애야 해', '심장이 두근거리지 않았으면 좋겠어', '이런 생각을 하면 안 되는데'와 같은 마음도 아마 자동적으로 같이 올라왔을 것이다. 이때, 이 마음 또한 알아차리고 바라봐준다. 없애고, 고치고, 바꾸려는 마음 대신 그 모든 것을 수용한다는 마음 자세로 임한다. 불안한 마음도, 불안을 싫어하는 마음도 모두 받아들인다.

3. 마음챙김 명상의 7가지 태도

① **판단하지 마라** 습관적으로 판단하려는 태도를 알아차리고 판단을 멈추도록 한다.

② **인내심을 가져라** 마음챙김은 한 번에 잘 되지 않는다. 꾸준한 수행이 필요하다.

③ **초심을 견지하라** 날마다 새로운 날을 사는 것처럼 모든 일에 호기심과 열린 태도를 갖고 대한다.

④ **믿음을 가져라** 자신에 대한 믿음을 가진다.

⑤ **너무 애쓰지 마라** 어떤 목표를 달성하려고, 잘하려고 너무 애쓰지 않는다.

⑥ **수용하라** 긍정적인 것, 부정적인 것을 나누지 않고 모든 것을 있는 그대로 받아들인다.

⑦ **내려놓아라** 집착하지 않고 모든 욕심을 내려놓는다.

존 카밧진, MBSR Mindfulness-Based Stress Reduction 중

행복은 멀리 있지 않다. 상투적인 말이지만 마음챙김에 담긴 뜻을 잘 표현한 말이다. 행복은 과거에도, 미래에도 있지 않다. 온전히 현재에만 느낄 수 있는 만족감이다. 불안할 때 나는 늘 미래에 살았다. 현재를 살지만 내 마음은 '이 다음에 무엇을 하지?', '결과가 잘 안 나오면 어떻게 하지?'와 같은 생각과 걱정으로 늘 분주했다. 길을 걸을 때에도 길가의 꽃과 나무들, 아름다운 하늘과 구름을 보지 못했다. 마치 현재 누릴 수 있는 것에

대해서는 모든 시야가 가려지고 그저 앞으로만 직진하는 불도저 같은 삶을 살았던 것 같다. 그러니 나는 행복할 리 없었다. 미래를 준비하고 대비한다지만, 현재에 행복하지 못한 나는 현재가 된 미래에도 행복할 수 없었다. 마음챙김을 시작하며 나는 지금, 여기에 머무르기 시작했다. 지금의 내 마음과 생각, 몸의 감각을 알아차리게 되었고 그 모든 것들을 있는 그대로 받아들이게 되었다. 요즘은 길가에 핀 꽃과 푸르른 나무들을 보고, 따뜻한 햇살을 맞으며 출근하는 길이 참 행복하다. 결과에 집착하지 않고 현재의 일에 집중하니 일에 대한 만족도와 성과도 높아졌다. 지금, 여기에서 행복한 나는 앞으로도 행복하리라 믿어 의심치 않는다.

음식으로 마음의 평화 찾기

좋은 음식을 먹어야 신체가 건강한 것은 너무나 당연해 보인다. 그러나 음식이 불안이나 우울과 같은 정신 질환과도 관련이 있다는 것을 깨닫는 것은 쉬운 일이 아니다. 한의학에서 몸과 마음을 하나로 보는 것처럼 음식을 먹는다는 것은 신체 건강뿐 아니라 정신 건강과도 밀접한 관련이 있다. 어떤 음식을 먹는지에 따라 오장육부의 건강 상태가 달라지며 이에 따라 뇌의 건강 상황도 달라진다.

한 가지 예로 장과 뇌는 연결되어 있다. 우리는 긴장하고 불안할 때면 소화가 되지 않거나 배가 아프며, 자주 화장실을 들락거렸던 경험을 한 번씩은 갖고 있다. 반대로 장내 환경이 안정되지 못하면 불안과 우울이 유발되기도 한다. 복통, 변비, 설사 등이 과도하게 나타나는 과민대장증후군 또한 사실은 불안과 관련이 깊다.

뇌와 장은 다양한 경로로 신경 신호를 주고받는다. 이는 뇌

—장축Brain-Gut Axis이론으로 잘 알려져 있다. 자율신경계를 통해 장신경계와 뇌가 신호를 주고받으며, 장내미생물이 생산하는 대사물은 혈중으로 이동해 뇌의 BBB Blood Brain Barrier(혈액—뇌장벽)를 통과해 뇌 기능에 영향을 준다. 불안, 우울과 관련이 깊다고 알려진 세로토닌 수용체는 95%가 장에 존재한다. 장은 스트레스 호르몬인 코르티솔 분비에도 중요한 역할을 담당한다. 이렇게 뇌와 장은 서로 신호를 주고받으며 영향을 미치므로 장 건강은 뇌 건강과 정서 건강에 매우 중요하다고 볼 수 있다.

장내 환경은 우리가 무엇을 먹는지에 따라 달라진다. 건강한 음식을 먹으면 장과 뇌 건강을 함께 지킬 수 있다. 장내 염증을 일으킬 수 있는 맵고 짜고 자극적인 음식, 카페인이나 알코올은 피하는 것이 좋다. 반면 식이섬유가 풍부한 야채나 과일, 오메가 3 같은 불포화 지방산은 충분히 섭취하도록 한다.

불안을 높이는 음식

음식	설명
카페인, 알코올	카페인은 졸음과 안정을 유발하는 아데노신 수용체를 차단하여 각성을 강화하며, 불안과 유사한 반응을 만든다. 알코올은 중추신경계를 억제하여 일시적으로 긴장을 완화하지만 술이 깬 후에는 더 큰 불안을 유발할 수 있으며 알코올 의존증으로 발전할 수 있어 주의해야 한다.

음식	설명
고지방음식: 튀김류, 볶음 요리, 기름이 많은 부위의 고기(삼겹살), 과자, 소시지, 빵, 케이크, 크림 등	고지방음식은 우울과 불안을 악화시키고 인지력도 저하시킨다는 연구가 있다.
고탄수화물 음식: 라면, 빵, 떡, 시리얼, 말린 과일, 감자튀김, 잼, 피자, 토스트 등	적절한 탄수화물은 불안을 낮추지만 정제 탄수화물을 과도하게 섭취하는 경우 염증 수치를 높여 불안을 악화시킨다.

불안을 줄이는 음식

음식	설명
식이섬유가 풍부한 음식: 사과, 바나나, 브로콜리, 양배추, 고구마, 당근, 베리류, 현미, 콩, 호두, 귀리, 메밀 등	식이섬유는 뇌 신경 신호를 활성화시켜 불안을 진정시킨다.
숙성, 발효 식품: 요거트, 된장, 김치, 식초 등	숙성, 발효음식은 장내 환경을 좋게 하여 장—뇌축을 통해 스트레스 반응을 억제하여 불안을 낮출 수 있다.
오메가 3 불포화 지방산: 고등어, 연어, 호두, 들기름, 아몬드 등	오메가 3는 염증을 낮추는 항염작용으로 불안에 도움이 된다고 알려져 있다.

다음으로는 불안에 도움을 주는 대표적인 차 3가지와 마시는 방법을 소개한다.

1. 대추차

대추는 심장의 기능을 도와 예민한 신경을 안정시키며 비타민과 마그네슘, 당 성분이 풍부하여 세로토닌을 만들고 기분을 좋게 만드는 효능이 있다. 또한 대추는 기혈을 보하는 작용이 있으므로 심신이 지쳐 기운이 없을 때 차로 먹으면 쇠약해진 심신의 기능을 회복시킬 수 있다.

<u>마시는 방법</u> 말린대추 20~30개와 물 6컵을 다기에 넣고 물을 끓인 후 물이 끓으면 약한 불에 30분 정도 더 끓여 마신다.

2. 박하차

박하에는 멘톤, 이소멘톤, 리모넨 등의 정유 성분과 로즈마린산 등의 유기산, 각종 아미노산 등이 함유되어 있다. 이는 스트레스를 해소시키며 심신을 안정시켜 불안, 우울에 도움을 줄 수 있다. 두통이 있거나 가슴이 답답할 때 박하차를 마시면 더욱 좋다. 박하는 특유의 시원한 향이 강하여 향을 맡는 것만으로 치료 작용을 나타낼 수 있다.

<u>마시는 방법</u> 찻잔에 적당량의 박하잎을 넣고 끓는 물을 넣어 5분 정도 우린 후 마신다.

3. 국화차

국화에는 비타민이 풍부하고 각종 항산화 물질이 함유되어 있어 뇌의 산화 스트레스를 완화하고 진정과 숙면에 도움을 줄 수 있다. 또한 스트레스로 인해 눈이 피로하고 어지럽거나 머리가 아플 때 마시면 더욱 좋다.

<u>마시는 방법</u> 국화꽃을 깨끗하게 씻어 소금물에 데친 후 건져 내어 천 주머니에 넣고 끓인다. 물이 끓으면 약한 불에 10~15분 정도 더 끓여 마신다.

운동은 감정을 효과적으로 조절해준다

우울증 치료약만큼 우울증에 효과적인 것이 바로 운동이라는 것은 이제 너무나 잘 알려져 있다. 운동은 우울증뿐 아니라 불안에도 장·단기적으로 매우 도움이 된다. 운동은 몸을 건강하게 하여 마음을 단련시키며 뇌에 직접적인 변화를 일으켜 불안을 조절한다. 대부분의 시간을 앉아 있는 현대인들에게는 일부러 몸을 움직여 근육을 키우고 심폐기능을 강화하며 전신 기혈을 순환시키는 운동이 필수이다.

운동은 뇌의 신경영양인자인 BDNF를 증가시키고, 불안의 민감성을 낮춘다. 또 주의를 환기시키는 효과로 부정적 생각에 빠져 있지 않게 한다. 지속적으로 운동을 하면 주의력, 기억력 등 인지기능이 증가하고 스트레스에 대한 회복탄력성이 증가하며 자기효능감도 높아진다. 특히 운동을 하면 뇌의 전두엽 영역이 활성화되어 감정의 중추인 편도체를 제어하는 능력이 개발된다. 따라서 감정을 효과적으로 조절할 수 있게 된다. 운동 전후에 스트레칭을 하는 것은 하루 종일 긴장되어 있던 온몸을 이완시키는 데 효과적이다.

다만, 운동을 할 때 나타나는 신체 변화를 너무 관찰하거나 두려워하지 않도록 한다. 운동을 하면 심박수가 빨라지고 호흡이 가빠지며 땀이 난다. 또 근력운동 후에는 2~3일간 근육통이 나타난다. 이것은 운동을 했을 때 나타나는 당연한 신체적 반응이다. 그러나 불안할 때는 이러한 몸의 변화가 나타났을 때, 몸에 이상이 생긴 것은 아닌지 다시 불안이 악화되는 것은 아닌지와 같은 걱정을 하는 경우가 많다. 운동 후 불안이 나타날 때는 몸의 감각이나 마음의 변화를 알아차리고 가만히 지켜본다. 점차 심박과 호흡이 안정되고 이완되는 것을 느낄 수 있을 것이다.

또 처음부터 너무 무리하게 운동을 하는 것은 운동에 대한 흥미를 떨어트리고 몸에 무리를 줄 수 있다. 무엇보다 중요한 것은 조금씩이라도 꾸준히 하는 것이다. 운동을 하다가 통증이 생기거나 다음날 일상생활에 지장이 간다면 운동 강도를 줄이거나 운동의 종류를 바꾸도록 한다. 어떤 운동이라도 흥미를 유발하고 꾸준히 할 수 있는 운동을 찾아 하나씩 천천히 시도해보자.

마음의 근육은 천천히 자란다

주식 용어 중에 '우상향'이라는 용어가 있다. 이는 오른쪽을 뜻하는 우, 위를 뜻하는 상, '~로 향하다'라는 뜻이 합쳐진 단어로 '오른쪽 위로 향하다'라는 뜻이다. 주식 그래프는 가로의 시간 축과 세로의 가격 축으로 이루어지는데, 시간이 지남에 따라 가격이 점차 상승하면 우상향 한다고 한다. 하지만 우상향이라고 언제나 가격이 오르는 건 아니다. 긴 시간을 두고 보면 결국 가격이 올라 있지만, 그 과정은 가격이 오를 때도 있고, 내려갈 때도 있다. 우상향하는 그래프는 가격의 상승과 하락을 반복하지만 결국 가격이 처음보다 큰 폭으로 올라간 형태를 보인다. 그래서 우상향하는 주식을 보기 위해서는 반드시 장기적으로 투자를 해야 한다.

불안장애가 치료되는 과정도 이와 비슷하다. 처음 치료가 진행되면서 불안이 점차 호전된다. 상승의 기류를 타는 것이다. 하지만 그러다가 치료가 더뎌지거나, 악화되는 경우도 있다. 보통 스트레스 사건을 만나거나, 과로를 한 경우 또는 그냥 아무 이유 없이 불안이 악화되기도 한다. 하락의 순간이다. 이때 환자들은 더 크게 불안해진다. '치료가 효과가 없는 것일까?', '영영 안 나으면 어떡하지?', '나는 원래 이렇게 살아야 하는 건가?' 하는 별의별 생각이 다 든다. 그러면서 치료를 포기하고 싶어진다. 하지만 돌아보면 분명히 처음 증상이 나타났을 때보다 치료를 받으면서 좋아진 부분이 많을 것이다. 이 악화되는 것처럼 보이는 시기를 잘 지나면 반드시 더 좋아지는 시기가 온다.

불안장애뿐 아니라 다른 만성 질환을 치료하는 과정도, 인생의 과업을 행하는 과정도 모두 우상향 그래프를 그리며 성장한다. 꾸준하고 바른 노력을 투입하면 반드시 우상향 그래프를 그리며 발전하고 성장한다. 공부를 하여 성적을 올리는 과정도, 다이어트를 통해 체중을 줄이는 과정도, 일을 하며 성공하는 과정도, 정신이 성숙하는 과정도 모두 이와 같다. 중요한 것은 하락의 순간에 버티느냐, 버티지 못하느냐에 달려 있다. 이때 버틸 수 있는 힘은 치료에 대한 믿음, 그리고 나 자신에 대한 믿음이다.

불안장애를 치료하는 것은 때로 지난하고 긴 과정이 될 수 있다. 조급하고 빨리 치료하려 할수록 불안은 더 쉽게 사라지려 하지 않는다. 몸의 근육을 키울 때 꾸준하게 일정 시간을 투자하듯, 마음의 근육을 키울 때도 꾸준함이 가장 중요하다. 그러니, 때로 그래프가 아래를 향하는 것 같아도 좌절하지 말

자. 우리의 마음근육은 지금 우상향하고 있다. 마음이 자라면 우리의 삶도 자라난다. 마음의 힘을 얻어 내가 원하는 삶을 살아갈 수 있다. 그러면 언젠가는 그래프 저 아래에 있던 내 모습을 회상하며 웃을 수 있는 날도 올 것이다.

―――― 마음처방전 ――――
불안한 마음을 가라앉히는 혈자리와 스트레칭

1. 혈자리

불안이 급격히 찾아오거나 불안으로 인해 여러 신체 증상이 나타났을 때 이를 감소시키는 혈자리를 자극하는 것이 도움이 될 수 있다. 각 혈자리를 5분에서 10분 정도 지그시 누르거나 돌리듯 마사지하면 불안한 마음을 안정시키고 스트레스를 완화할 수 있다.

신문

신문혈은 새끼손가락 쪽 손바닥과 손목의 경계 주름 위, 손바닥 끝 튀어나온 뼈 안쪽에 위치해 있는 혈자리로 불안하고 초조할 때 자극하면 마음을 안정시키는 효과가 있다. 갑자기 불안해지거나 스트레스가 과도할 때 신문혈을 지압하면 불안과 스트레스를 감소시킬 수 있다.

소부

소부혈은 손바닥에 위치한 혈자리로 주먹을 가볍게 쥐었을 때 약지와 새끼손가락이 손바닥에 닿는 곳이다. 소부혈은 심장이 두근거리거나 가슴이 답답할 때, 가슴 통증이 있을 때 이를 진정시키는 효과가 뛰어나다.

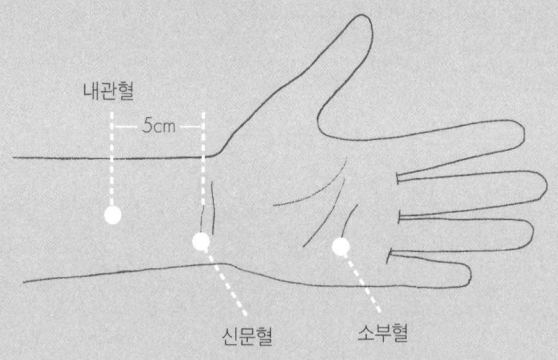

내관

내관혈은 손목 안쪽에서 손목과 손바닥 경계주름으로부터 5cm 정도 위에 위치한 혈자리로 손목 가운데 2개의 굵은 힘줄 사이에 존재한다. 내관혈은 스트레스로 인해 흉부가 답답한 증상과 소화불량, 더부룩함, 오심, 구토 증상에 좋다.

백회

백회혈은 머리 꼭대기, 정수리에 위치한 혈자리로 백회혈을 자극하면 뇌의 기능이 향상되며 머리로의 혈액순환을 증가시켜 머리를 맑게 하고 집중력을 높인다. 머리가 무겁고 집중력이 저하되었을 때 이곳을 지그시 눌러 지압해보자.

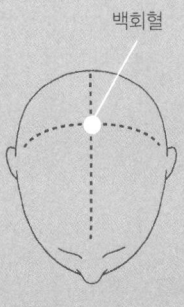

태충

태충혈은 엄지발가락과 검지발가락 사이 아래쪽 발등의 오목하게 들어간 부위로 불안으로 인해 항진된 기운을 아래로 내려줄 수 있는 혈자리이다. 스트레스로 기혈이 상부로 몰려 두통이나 목의 통증, 눈의 피로가 있을 때에도 태충혈을 자극하면 효과가 좋다.

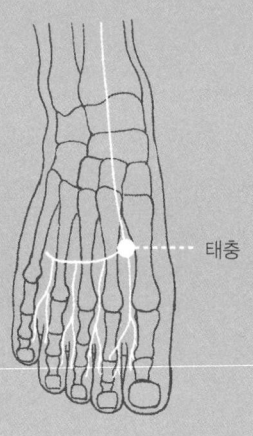

태충

2. 스트레칭

많은 현대인들은 대부분의 시간을 앉아서 보낸다. 이러한 생활 방식은 근육을 긴장시키고 경직되게 만든다. 또한 경쟁사회에서 살아남기 위해 끊임없이 긴장 상태에서 공부하고 일하는 것은 우리의 정신과 신체를 모두 굳어지게 만든다.

스트레칭은 이러한 긴장을 풀고 스트레스를 해소할 수 있는 쉽고 간단한 방법 중 하나이다. 스트레칭은 근육을 이완하며 전신의 기와 혈액 순환을 증가시키며 뇌를 안정시킨다. 육체적 긴장이 풀어지면 이러한 신호가 뇌에 전달되어 정신적으로도 안정 상태에 들어간다.

   스트레칭을 할 때에는 과도하게 무리한 동작을 하지 않도록 주의한다. 스스로 할 수 있는 범위내에서 근육을 늘려주도록 한다. 불편한 느낌이 심하거나 통증이 발생한다면 동작을 멈추고 자세를 바꾸거나 다른 동작을 시도한다.

   스트레칭은 같은 동작을 20초 정도 유지한다. 중요한 것은 스트레칭을 할 때 호흡을 멈추지 않는 것이다. 스트레칭을 하는 동안 천천히 복식호흡을 하여 호흡을 느껴보는 것도 좋다.

아기 자세

   바닥에 무릎을 꿇고 엉덩이를 발꿈치에 붙이고 앉는다. 천천히 머리가 바닥에 닿도록 허리를 굽히며 손을 앞으로 쭉 뻗어준다. 척추 마디마디가 늘어나며 이완되는 느낌을 느끼며 천천히 호흡한다.

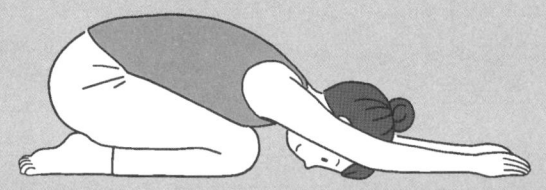

목과 어깨 스트레칭

한 손으로 다른 쪽 귀를 감싼 후 머리를 지그시 눌러준다. 이때 반대쪽 어깨는 아래로 내려준다. 목의 측면 근육이 늘어나는 느낌을 느껴본다.

엄지손가락을 턱 밑에 댄 후 턱을 밀어올리면서 목을 뒤로 젖힌다. 목 앞쪽의 근육들이 늘어나는 느낌을 느껴본다.

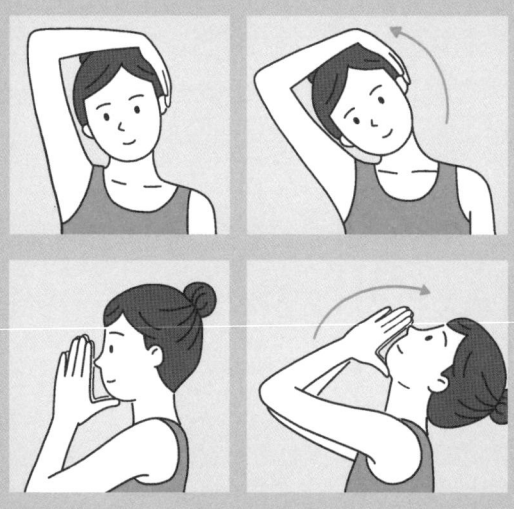

척추 트위스트

바닥에 누워 한쪽 고관절과 무릎을 구부리고 양손으로 잡아 눌러 스트레칭한다. 이후 무릎을 90도로 유지한 상태에서 반대쪽 바닥으로 붙이고 반대쪽 손으로 지그시 눌러준다. 다른 팔은 옆으로 곧게 뻗는다. 이때 고개는 무릎의 반대방향으로 돌린다. 목부터 등, 허리가 회전되며 늘어나는 느낌을 느껴본다.

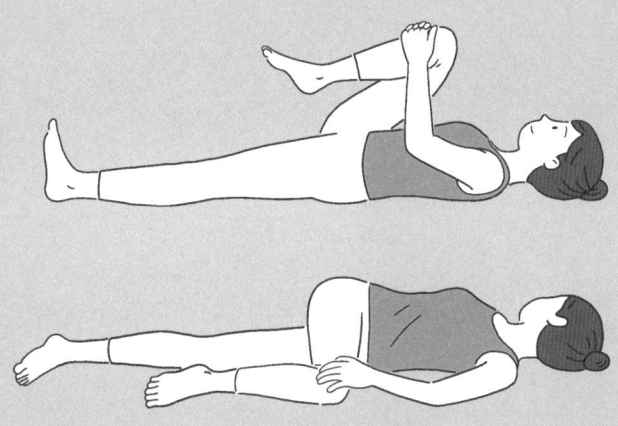

둔근 스트레칭

바닥에 누워 한쪽 무릎을 구부리고 반대쪽 발목이 무릎 위에 오도록 한다. 양손으로 허벅지 아래를 잡고 가슴까지 잡아당겨 늘려준다. 엉덩이 뒤쪽의 둔근이 늘어나는 느낌을 느껴본다.

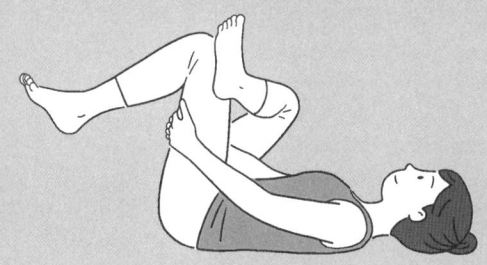

―――― **Epilogue** ――――

불안에서 벗어나 단순하고 건강한 삶으로
Simple Healthy Life

  내가 불안했던 시절을 떠올려보면 항상 매우 심각하고 진지했다. 삶은 복잡했고 해결해야 할 문제투성이이며 막막했다. 그러나 지금 내 삶은 단순해졌다. 잘하는 나도, 못하는 나도 있는 그대로 받아들이며 많은 것에 욕심내지 않고 과거도 미래도 아닌 현재, 지금을 감사하며 살아간다. 너무 착한 사람이 되려 하거나 어떤 일에 완벽을 기하지도 않는다. 나의 능력치에서 최선을 다할 뿐이다. 가끔 화가 나거나 짜증이 나더라도 그 감정을 온전히 수용해준다.

  전에는 삶을 좁고, 근시안적으로 보았다면 이제는 넓고 멀리 보게 되었다. 관심이 나를 향해 있어 삶의 다양한 아름다움을 보지 못했다면, 이제는 다양한 사람들과 그 안의 다양한 모습들과 시시각각 변하는 자연의 풍경을 보게 되었다. 좋지도, 나쁘지도 않은 모든 상황들의 그러함을 있는 그대로 보게 되었다.

  우리의 뇌는 우리가 무엇을 생각하고 경험하느냐에 따라 끊

불안이 우울이 되지 않게

임없이 변화하며, 그 변화는 우리 스스로가 만들어낼 수 있다. 한의학은 우리 내면의 힘, 스스로 치유하는 능력을 믿는 의학이다. 상처를 입고, 아픔을 겪는 과정과 그것을 치료하는 과정을 통해 우리 몸과 마음은 더욱 더 강해질 수 있다.

내가 만약 불안과 우울이라는 감정을 겪어보지 못했다면, 지금과 같은 성장을 이루지 못했을 것이다. 나는 불안과 우울을 겪으며 나 자신에 대해 깊이 들여다보게 되었고 나 자신과 타인에 대한 이해의 폭을 넓힐 수 있었으며, 삶과 세상을 바라보는 안목을 키울 수 있었다. 또한 무엇보다 불안과 우울로 인해 고통 받는 수많은 환자의 아픔을 공감하며 이해할 수 있게 되었다.

몸과 마음의 건강은 하나이다. 나는 이 세상의 그 누구보다, 무엇보다 가장 소중한 존재이다. 나를 소중히 대하면 몸과 마음은 저절로 건강해질 것이다. 몸에 좋은 음식을 규칙적으로 섭취하며, 규칙적인 운동을 하고, 나의 감정을 있는 그대로 수용해주고, 나의 마음의 소리를 들어주며, 명상과 호흡으로 긴장되었던 몸과 마음을 이완시켜준다. 이것이 나를 사랑하는 길이며, 몸과 마음을 모두 건강하게 하는 길이다.

때로 불안에서 벗어나는 길이 멀고 아득해보여도 포기하지 않는다면 반드시 출구는 나오기 마련이다. 건강을 향해 발걸음을 뗀 순간부터 변화는 시작되었다. 한 걸음 한 걸음, 차근차근 걸어 나가다 보면 그 길 끝에는 반드시 행복하고 건강한 삶이 기다리고 있을 것이다.

책 속 개념과 용어

- **불안, 불안감**
  비슷한 의미로 마음이 편치 않고 조마조마한 상태이다.
- **불안장애**
  비정상적으로 심한 불안과 병적인 공포로 인하여 일상생활에 장애를 일으키는 정신 질환으로 병적 상태를 말한다.
- **범불안장애**
  미래에 경험하게 될 다양한 상황에 대해 만성적 불안과 과도한 걱정을 나타내는 질환이다.
- **사회불안장애(사회공포증)**
  다른 사람들과 상호작용하는 사회적 상황을 두려워하고 회피하는 질환이다.
- **신체화장애**
  다양한 신체 증상을 반복적으로 보이지만 증상을 뒷받침하는 의학적 신체 질환이 없는 경우를 말한다.
- **공황**
  두려움이나 공포로 갑자기 생기는 심리적 불안 상태이다.
- **공황 발작**
  짧은 시간 내에 일어나는 강력하고 급작스러운 발작. 갑자기 심한 두려움과 불안감을 느끼는 상황을 말한다. 심장이 심하게 빨리 뛰고 두근거리거나 호흡곤란, 어지러움, 메스꺼움 등이 나타날 수 있다.
- **공황장애**
  공황 발작이 반복적으로 나타나며 추가적인 공황 발작에 대한 지속적인 걱정이나 회피가 보이는 질환이다.

- **강박장애**
  본인의 의지와는 상관없이 원하지 않는 생각(강박사고)이나 행동(강박행동)을 반복하는 장애이다.
- **우울, 우울감**
  근심스럽거나 답답하여 활기가 없는 것을 말한다.
- **우울증, 우울장애**
  우울과 무기력을 주된 증상으로 하며 이것이 지나쳐 사회적, 직업적으로 지장을 초래하는 질환이다.
- **시상하부—뇌하수체—부신피질 축(HPA 축)**
  시상하부, 뇌하수체, 부신피질로 이어지는 호르몬 조절 시스템. 시상하부에서 호르몬이 분비되면 이는 혈관을 통해 뇌하수체에 전달되고, 뇌하수체에서 또다시 호르몬을 분비하여 이것이 부신피질로 전해진다. 최종적으로 부신피질에서 호르몬을 분비하여 각종 신체 조절 작용을 담당하며, 이 호르몬은 다시 시상하부로 전해져 항상성을 유지한다.
- **세로토닌 수용체**
  신경전달물질인 세로토닌이 신경세포에서 결합하는 특정 부분이다.
- **SSRI**
  세로토닌이 시냅스 이전 신경세포로 재흡수되는 것을 막아 시냅스에 오래 머무르게 함으로써 세로토닌의 양을 증가시키는 약물이다.
- **SNRI**
  SSRI와 동일하나 세로토닌과 노르에피네프린의 재흡수를 막는다.
- **벤조디아제핀**
  벤젠 고리와 디아제핀 고리가 결합된 구조로 신경전달물질인 GABA를 활성화하여 진정, 수면, 항불안 작용을 하는 약물이다.
- **기**
  인체 생명활동을 일으키는 에너지를 말한다.

- **기울**

  기가 뭉쳐 있는 것. 기의 소통이 원활하지 못하고 비정상적으로 모여 있는 것을 의미한다.

- **기체**

  기가 막혀 있는 것. 기울이 심하여 정체되고 통하지 못하는 상태이다.

- **기허**

  기의 생성이 부족하거나, 지나치게 많이 소모되어 기의 기능이 감퇴된 것. 호흡이 짧고, 쉽게 피로하며, 말소리가 작고 얼굴이 누렇게 뜨거나 식욕 저하, 식은땀이 나는 등의 증상이 나타난다.

- **장**

  보통 간, 심, 비, 폐, 신의 오장을 말한다.

- **장부**

  오장과 육부(장과 부). 인체 내의 장기를 통틀어 이르는 말이다.

- **오장**

  간, 심장, 비장, 폐, 신장.

- **오장육부**

  인체 내 모든 장부를 아울러 이르는 말. 오장과 육부(간, 심, 비, 폐, 신 / 담, 소장, 위, 대장, 방광, 삼초). 오장은 주로 음식물을 소화하여 만들어진 정기를 저장하는 기능을 하며, 육부는 음식물을 소화하여 영양분을 만들고 찌꺼기를 배출하는 기능을 한다.

- **맥진**

  환자의 기혈 흐름과 질병에 대한 신체 반응을 환자의 혈관 위 피부를 손가락으로 짚어 파악하는 진단법이다.

- **문진**

  환자와의 대화를 통해 질병이나 환자의 상태를 파악하는 진단법이다.

- 설진

  혀의 조직과 혀 위의 태를 관찰하여 환자의 질병 및 신체 상태를 파악하는 진단법이다.

참고문헌

- 대한신경정신의학회, 『신경정신의학』개정판 3판, 아이엠이즈컴퍼니, 2017.
- 전국한의과대학 신경정신과 교과서편찬위원회, 『한의신경정신과학』, 메이버, 2016.
- 이충열 외 공저, 『현대한의학개론』, 군자출판사, 2023.
- 유수양, 강형원, 'M&L 심리치료 프로스킬 트레이닝 베이직 & 어드밴스드 코스', 한국M&L 심리치료연구원.
- Steven C. Hayes , Kirk D. Strosahl 저·손정락 , 이금단 번역, 『수용전념치료 실무지침서』, 학지사, 2015.
- Judith S. Beck 저·최영희 , 신승민 , 최상유 , 조소리 번역, 『인지행동치료 이론과 실제』제 3판, 하나의학사, 2023.
- 최인원, 『5분의 기적 EFT』, 김영사, 2017.
- 노의준, 『상한금궤방 사용설명서』, 바른한약출판사, 2021.
- Jacqueline Filshie 저·이승훈 , 강중원 , 권승원 , 김건형 , 김태훈, 이지은 , 조대현 번역, 『침의 과학적 접근과 임상 활용』제2판, 한미의학, 2019.

불안이 우울이 되지 않게

초판 1쇄 인쇄 2024년 9월 30일
초판 1쇄 발행 2024년 10월 15일

지은이 이정은
펴낸이 송주영
펴낸곳 북센스
편집 조윤정
본문그림 신은영
디자인 studio fttg

출판등록 2019년 6월 21일 제2021-000178호
주소 서울시 종로구 효자로 15, 2층
전화 02-3142-3044
팩스 0303-0956-3044
이메일 ibooksense@gmail.com

ISBN 979-11-91558-43-2 03180

* 이 책에 실린 모든 내용은 저작권법에 따라 보호받는 저작물이므로 무단 전재나 복제를 금합니다.
* 책값은 뒤표지에 있습니다.